はどこに向かうのか！

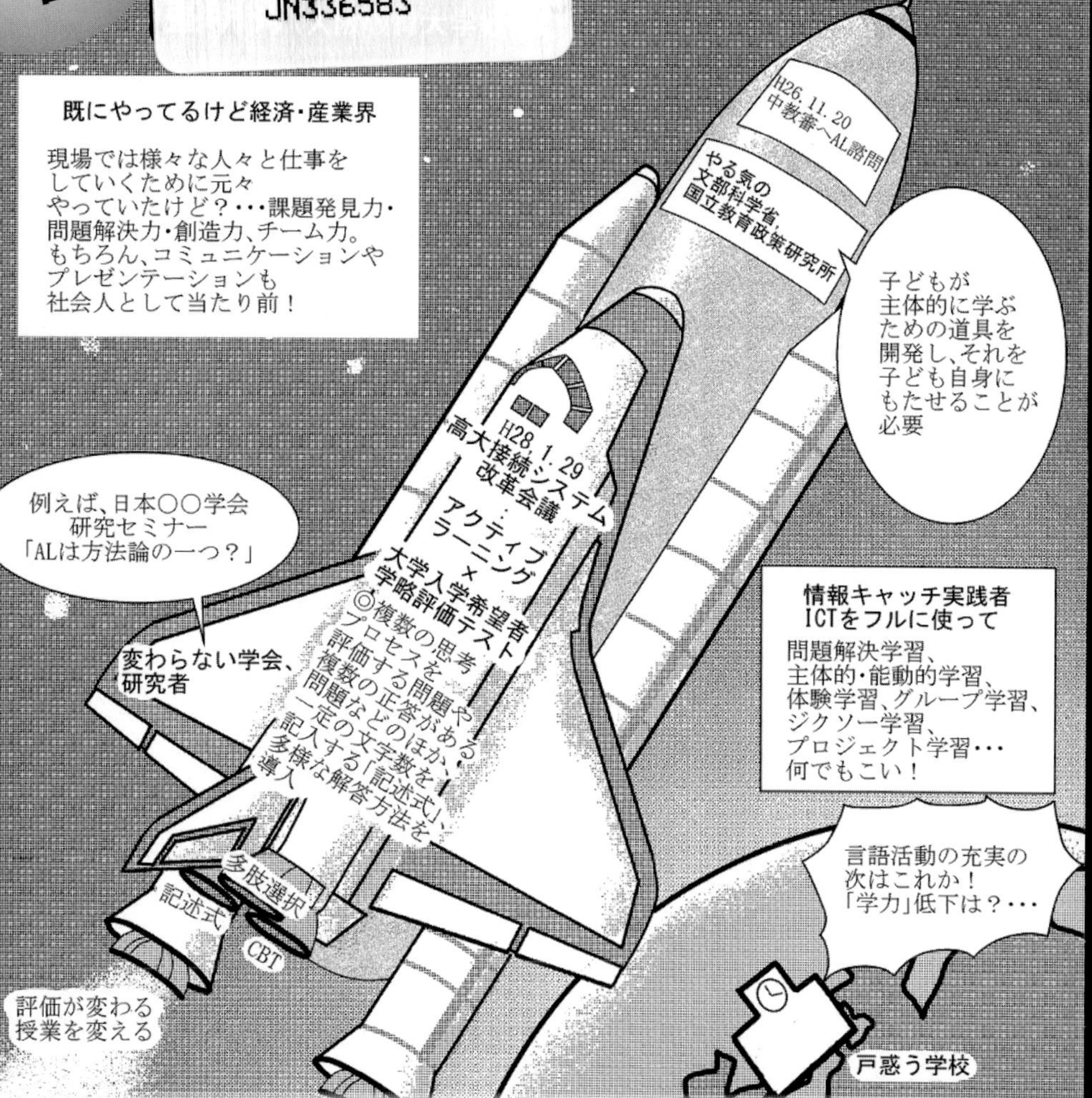
既にやってるけど経済・産業界
現場では様々な人々と仕事をしていくために元々やっていたけど？・・・課題発見力・問題解決力・創造力、チーム力。もちろん、コミュニケーションやプレゼンテーションも社会人として当たり前！
H26.11.20 中教審へAL諮問
やる気の文部科学省、国立教育政策研究所
子どもが主体的に学ぶための道具を開発し、それを子ども自身にもたせることが必要
H28.1.29 高大接続システム改革会議
アクティブ・ラーニング
×
大学入学希望者学略評価テスト
◎複数の思考プロセスを評価する問題や、複数の正答がある問題などのほか、一定の文字数を記入する「記述式」、多様な解答方法を導入
例えば、日本○○学会研究セミナー「ALは方法論の一つ？」
変わらない学会、研究者
記述式
多肢選択
CBT
情報キャッチ実践者 ICTをフルに使って
問題解決学習、主体的・能動的学習、体験学習、グループ学習、ジクソー学習、プロジェクト学習・・・何でもこい！
言語活動の充実の次はこれか！「学力」低下は？・・・
評価が変わる 授業を変える
戸惑う学校

次期学習指導要領の改訂で、アクティブ・ラーニング（ＡＬ）のかけ声は日増しに強まっています。小・中学校では、主体的・能動的な学習に取り組んできたはず。何を今更という反面、自体は今までのグループ学習やジクソー学習、問題解決学習は学習者に本物の学力をつけていたかというとどうでしょう。また、学会や研究者は、目標・内容・指導方法まで示すの？と。

でも、ＡＬで注目されている資質・能力は、経済・産業界では、既にグローバル社会を生きる社会人に必要な汎用的能力として、多様な考えを持つ他者とコミュニケーションをとり、協力し合うことは当然のこと。啓蒙ビジネス書タイトルは、論理的思考力や批判力、意思決定力、企画力やプレゼンテーションなどが示されていたのではないでしょうか。

イラスト　井手本美紀

特集 アクティブ・ラーニング先取り体験！ 超有名授業30例

教室ツーウェイNEXT 創刊記念号 目次

教室ツーウェイNEXT 創刊記念号 目次

TOSS人気教師による強力連載

教育界　動向フレッシュ

最新TOSS情報／編集室便り

巻頭グラビア

カバー作品／コイヌマユキ
(asterisk-agency)
装幀・本文レイアウト／小宮山裕

若き教師たち 不安と期待と…

岸上隆文（長野市・豊栄小学校）

※写真最前列中央、向かって左側が著者。

「このままじゃ絶対にいい教師になれない！」教師を目指していた大学時代の私は、自分の成長を実感できず焦っていた。絶望しながら参加したTOSSの研修会でのこと。ある学生が子供の遊び「靴隠し」の指導プレゼンを行った。それに対して現職の教師が私ならこうすると代案を示し、なぜその方が良いのか理論的に説明。誰でもできる指導法だと語った。あの時の知的興奮は忘れられない。学びには正しい方向があることを教わった。

私の近著『教員採用試験パーフェクトガイド「合格への道」』(学芸みらい社）は教師になるための第一歩を正しく踏み出すための本。子供のために頑張る教師を目指す学生たちを支える一助になれば嬉しい。

各県のおもしろ給食ランキング

超豪華な給食ベスト3

松崎力（栃木県真岡市・真岡東小学校）

日本全国を見渡すと、見たこともないような給食がある。地元に住んでいる人には、それほど珍しいものではないけれども、他の土地の人々にとっては、超豪華な給食である。

これぞ究極の「地産地消給食」である。超豪華ベスト3を選んでみた。

北海道　イクラ給食

地元産のイクラがたっぷりのったご飯に、これも地元で獲れたイカを揚げたイカリングが出される。彩り鮮やかな豪華な給食である。

徳島　伊勢海老給食

伊勢海老の最盛期9月から10月になると、漁船に乗った子どもたちが伊勢海老漁を体験する。そこで獲れた伊勢海老が、豪華給食となる。

富山　ズワイガニ　まるごと給食

旬となる10月に、体長約40cmのズワイガニが、丸ごと１杯給食に出される。販売価格2000円もするズワイガニを、地元の漁業関係者に食べ方を教わりながら堪能する超豪華給食である。

向山が大嫌いな教室掲示 何故？

山口県下関市・川棚小学校 **林健広**

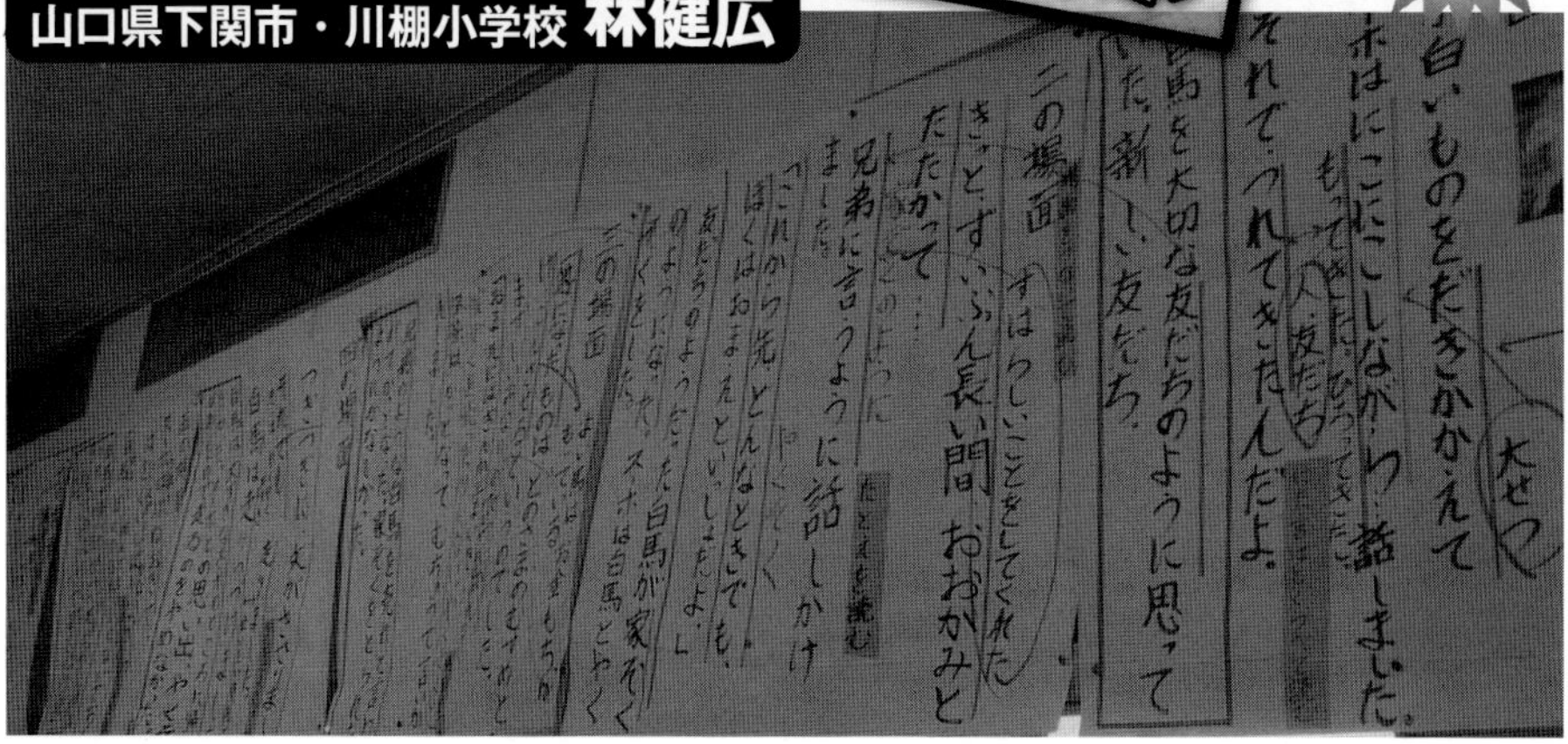

・こんな光景、見たことありますよね。この先生、すごくガンバッテますよね？
・でも、このクラスの子どもたちの勉強力・学力はグーンとアップしたのでしょうか？
・何事もエビデンスの時代。"こここそ"が問われなければならないのでは……。
・教室前に掲示をするなら、上の写真や下の写真左のような「模造紙おばけ」は厳禁！
・右側の写真のようにスッキリと！

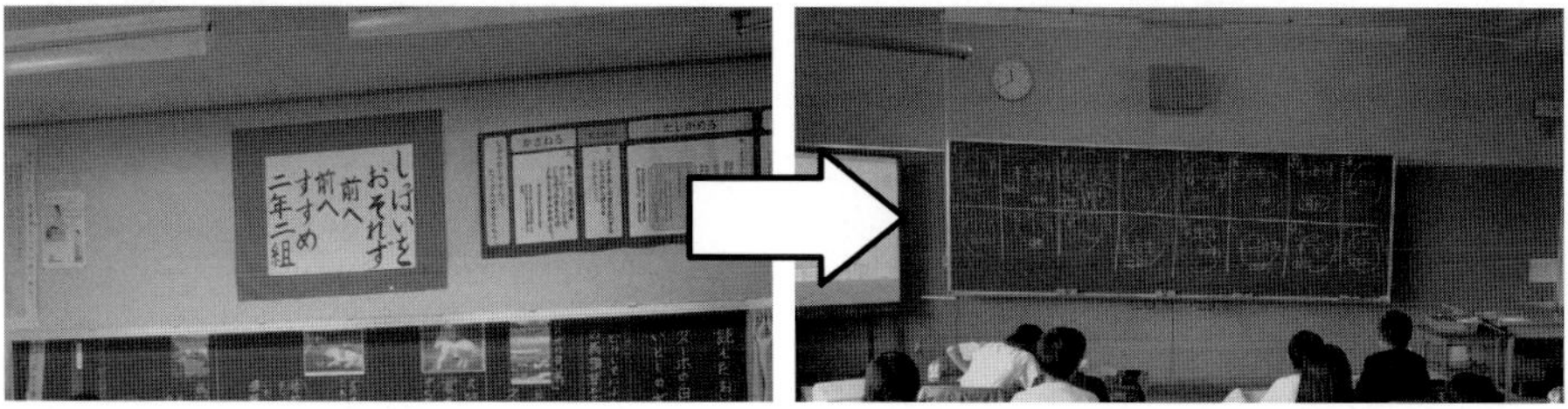

教室「前」に貼られた　クラス目標、自画像

教室「前」は、何も貼っていないのが良い。

自画像、クラスの目標もいらない。

なぜか。特別支援を要する子どもが授業に集中できるからだ。

文部科学省のＨＰ（平成25年度発達障害理解推進拠点事業）にも次のようにある。

「視覚優位の子どもたちが学習に集中できやすいための環境整備を行ったりした（教室の前面や黒板の周囲の掲示物をなくす等）」

選択的注意ができにくい子どもにとって、ベタベタと自画像や目標が貼ってあると、そちらに注意がいってしまう。

自画像やクラス目標を貼りたければ、教室後方に貼るのが良い。

教室をぐるりと囲む模造紙

研究授業が近づくと、突如として現れる模造紙。

教科書の文章がそのまま書かれた模造紙が教室を囲む。教室右横、左横、後ろ。時には教室前面にも貼られる。そして、赤線がいたるところに引かれ、付箋もベタベタと貼られている。

しかし、なぜか研究授業が終わると、急に消えてしまう。

誰のための掲示なのか？　教師の見栄のためである。私は準備しましたよ、という見栄だ。

子どもに力がつくならば、１年間継続して、掲示すべきである。プロジェクターで教材文を映すより効果があるならば、毎時間、毎単元、模造紙に本文を書き続けるべきである。

基礎基本は継続しなければ定着しない。

TOSS大躍進の一年はこの合宿から始まった！

——TOSS熱海合宿2016（1.9〜1.10）——

▲TOSSの大躍進の年にふさわしく、向山洋一氏の講演内容は多岐にわたった。今年の熱海合宿のテーマは「アクティブ・ラーニング」。アクティブ・ラーニングとは何かという話を起点に、それが提唱された背景や現在の日本の課題、日本を強く豊かな国にし、それを次の世代に渡していくにはどうしたらよいかなど、具体的で分かりやすいものであった。講演終了後、会場からの大きな拍手が鳴り止まなかった。

▲驚きと感動を与える授業を展開した長谷川博之氏。

▲会場全体を一気に巻き込んだ関根朋子氏。

▲会場を明るく知的な空間に引き込む甲本卓司氏。

▲ドラマチックな授業の組み立ての赤木雅美氏。

▲圧倒的な空間支配力を感じさせた伴一孝氏。

全国から熱海合宿へ集った志高き教師たち。▶

構成：久野歩（東京都目黒区・鷹番小学校）

授業のエンジンは〝発問と指示〟

向山洋一

授業をすすめていくエンジンは「発問」「指示」である。

発問と指示を、どれだけ深く考えたかということが、授業のレベルを規定していく。

私は、若いときから、次のように考えていた。

すぐれた授業とは、子どもたちの目には見えないものを見えるようにさせる活動なのである。

子どもたちに見えていることを、もう一度なぞっただけの授業は、あたり前のことをあたり前にいいかえただけの面白くない授業である。そこには、知的興奮が起こりようがない。

話を具体的にしよう。一昨年、三年生に配属になった教育実習生が、国語の研究授業をしたことがある。

教材は『くま一ぴき分はねずみ百ぴき分か』（神沢利子作）であった。

授業は、次の部分であった。

うちでは、しゅうり屋さんが来て、モーターを取りかえていました。

やっと水が出るようになりました。

ウーフは、お父さんに言いました。

「ねえ、お父さん、くまなんか食べるのも飲むのも、ねずみの百ぴき分だって、山のかきもくりも、くま一ぴきで百ぴき分食べちゃうって、ねずみのチチがおこるんだ。でも、ぼく百ぴき分、のどがかわくよ。百ぴき分、おなかすくよねえ。」

すると、お父さんは言いました。

「のどがかわいたかい。もう、水が出るよ。さあ、飲みなさい。それから、ほかの人にも分けてあげようね。」

「ぼく、ねずみにもりすにも、水がほしいと言ったら、あげるよ。でもね、君一ぴきでかたつむりが百ぴき分だなんて、言わないぞ。」

と、ウーフが言いました。

私は授業の途中から参観した。二〇分くらい参観しただろうか。授業を見ながら、私ならこのように発問するだろうという手紙を書いて、途中で教室を出た。

さて、授業はおよそ、次のようにすすめられた。

登場人物をおさえた後「ウーフは、何とお父さんに言ったか」が問われた。子どもに見えていることをもう一度聞いただけの発問である。

ほとんどの子が手をあげ、指名された子は大声で読みあげた。

次に「ウーフの気持ちがでているところ」が問われた。さらに同種のこととして「ウーフはどういう気持ちで言ったのか」「お父さんに聞いてもらいたかった気持ち」が問われた。

私は授業でこういう発問をしたことは一回もない。くだらない発問だと思う。なぜくだらないかは省く（くだらないのはどうしてかという、くだらなさを説明することは、かなりくだらないことでもあるので……）。

次に、また「お父さんは何と言いましたか」という、見えていることをもう一度なぞっただけの問いが出された。そして、ウーフになったつもりでお父さんに答えてみようという、ふきだしが出された。この「ふきだし」に登場人物になったつもりで何かを書くという方法は、全国的に大流行らしいのだが、なぜこんな方法が流行するのか私は全く理解できない。

登場人物になったつもりで答えてみようなどということは答えようのないものである。したがって、教えることのできないものである。それがなぜ、かくもてはやされるのか私は分からない。

この授業では、「ふき出しのことば」を子どもに発表させていた。

そして、「いじわるされたけど、仲なおりしようとする意見についてどう思うか」という発問が出された。

この手の授業は、こうなる宿命なのである。教えようのないことを教えようとするから、道徳の授業になってしまうのである。

この発問を聞いて、私は教室を出た。

あたり前のことをあたり前になぞっただけの授業である。登場人物の気持ちなどという教えようのないことを教えようとして、道徳の授業になってしまった授業である。

授業は、これではいけないと私は思う。

知的興奮をもたらすような発問をすべきである。

あれども見えずの状態を突破させるべきである。

「あっ、そうだったのか」という反応を起こしてやるべきである。

教材を前にした子どもは「あれど見えず」なのである。授業にあっては、教師だけが「見える」ことができるのである。だから教師なのである。

それが、子どもと同じ「あれど見えず」では、授業は、貧弱なものにならざるを得ない。

この教材では何を見せるべきなのか、どのような発問によって子どもを変えるべきなのか、私は授業を参観しながら考えていた。

そして、四つの発問にまとめ、走り書きの手紙を残して教室を出たのであった。

読者諸賢は、前述の教材でどのような発問をされるだろうか？

私が考えたのは、次の四つであった。

（一）ウーフは家に帰ってすぐにお父さんに言ったのですか、それともモーターの修理を見てから言ったのですか。

（二）モーターを修理している時、お父さんは何を見ていましたか。

（三）お父さんはウーフの意見に賛成なのですか、反対なのですか。

（四）お父さんはウーフの意見に答えないで、「のどがかわいたかい」と言ったのはどうしてだと思いますか。

私が授業をするなら、当然、右の問いの答えには証拠を求める。単なる「こう思います」では国語の授業ではないからである。

たとえ一つの言葉、一つの文字であっても、表現されていることに根拠がなければいけないのである。

ゆさぶる「くっつきの"を"」の授業

変化のある繰り返しで熱中する！ 入学1ケ月後のアクティブ・ラーニング

溝端久輝子

1 教え、そしてゆさぶる

アクティブ・ラーニングはもともと大学で使われた形態だ。ある程度知識があることが前提である。小学一年生でこれは可能だろうか。

一九八三年五月十一日の「あのね」の記録からみよう。向山氏の授業の組み立てが見事である。

①子どもたちにタオルを見せて、何か言わせる。
②黒板に「たおる」と書く。
③給食用バケツを教卓に置いて、手を入れる。水が下に落ちた。
④タオルをバケツの中に入れ、何をしたのか尋ねた。
⑤子どもたちは「入れた」という。

そこで教師は、黒板に「いれた」と書く。黒板には「たおる」「いれた」が書かれている。ここまで教師は何も教えていない。しかし、この後、子どもがこれは変だと気づいた。問題を発見したのだ。

そこで、「を」と書いたカードを黒板にはった。

⑥「wo」と読むことを教える。

この後の展開が一気に子どもを熱中させる。

⑦「たおる」と読んで一息入れ、「をいれた」と一気に読む。

子どもたちはゲラゲラ笑い、「たおるを」で区切る、という。向山氏は子どもに正しい読み方を何度か言わせてからカードを「たおる」にくっつけ、くっつきの「を」であると教えた。教えるべきところは教えるのだ。

2 変化のある繰り返し

この後、「ほん　をよんだ」や「おか　のうえ」さらに「はる　のあめ」を例に繰り返しくっつきの助詞を教えた。「はる　のあめ」では、子どもたちは、「ほとんどコーフン状態」だったという。論争の相手は教師だ。子どもたちは向山氏を「こんなことがわからないの」と叱りつけている。一年生でも十分、アクティブ・ラーニングできる授業である。

（兵庫県加古川市・平岡東小学校）

国語1年「を」の授業

国際標準の論争力を実現

くっつきの「を」の授業

向山型アクティブラーニング実践ファイル No.1

ねらい→くっつきの「を」や「の」の使い方がわかる。
方　法→①教える。②わざと間違えてゆさぶる。

<背景の解説>
横浜国立大学の伊関先生と四人の学生が授業参観にみえたときの国語の授業。
1883年5月31日の学年通信「あのね」に掲載。

Learning Strategy

①問題を発見する → ②問題を追求する → ③討論・論争する → ④異なった意見を認める → ⑤結果をまとめる

授業開始

①子どもたちにタオルを見せて、何か言わせた。
②黒板に「たおる」と書いた。
③給食用バケツを教卓に置いて、手を入れた。水が下に落ちた。
④タオルをバケツの中に入れ、何をしたのか尋ねた。「入れた」という。

問題を発見させる

1.黒板に「たおる」「いれた」と書く。

①子どもたちは変だという。「タオルをいれた」となるという。

問題を追求させる

2.「を」のカードをはる。

たおる いれた ／ を たおる いれた ／ たおる を いれた

①「wo」と読むことを教える。
②「たおる」と読んで一息入れ、「をいれた」と一気に読む。
③子どもたちはゲラゲラ笑い、口々に「おかしい」という。
④子どもに正しい読み方を何度か言わせてからカードを「たおる」にくっつけた。
⑤くっつきの「を」ということを教えた。

討論・論争する

「だ」はまだ習ってないので「・」で表記。

3.「ほん」「よん・」と書く。

4.「を」のカードをはる。

ほん よん・ ／ を ほん よん・ ／ ほん を よん・

①子どもたち一斉に「ちがっている」とさけび、五，六人の子が黒板におしかけてきた。「先生は何でこんなことがわからないの」と向山氏を叱りつけ、修正した。
②正しい読み方を何度か言わせた。

5.「おか」「うえ」と書く。

6.「の」のカードをはる。

おか うえ ／ の おか うえ ／ おか の うえ

①子どもたちは更に熱狂して「先生、どうしてわからないの」とさけび、何人かがドドーと押し寄せてきて修正した。
②正しい読み方を何度か言わせた。くっつきの「の」ということを教えた。

今回の「アクティブラーニング」:のポイント

1 動作したことを単語で黒板に書く。
2 間違いを発見させ、正しく言わせる。
3 助詞の一文字を貼り、教師が間違って読む。
4 正しい読み方を子どもに言わせる。
5 くっつきの助詞であることを教える。一年生の子どもの論争の相手は教師である。何度やっても間違える子はいる。それが一年生である。

結果をまとめる

変化のある繰り返し、さらに念を押す。

①「はるのあめ」でも同じことを繰り返した。
「これが先生かと思うといやになっちゃうよ」と言われ、「先生本当は、わざとまちがえているんでしょう」とドキッとすることを言われ、ドドーと押し寄せられて訂正されてしまった。
②何度か正しい言い方を言わせ、
「これもくっつきですよ。くっつきの〈の〉というのですよ」と教えた。
③たてに書いてみる。

はる　のあめ → はるの　あめ

④子どもたちはコーフン状態で、また修正した。
⑤ノートに書かせた。
⑥一人一人持ってこさせた。
これだけやって「全く正しい」子は3分の2である。
続けて書いてあったり、一字あけ意識していない子、「はる　のあめ」と書いてきた子が二人いた。

子供が検討する「慣用句」の授業

知識ではなく、方法を身につける能動的な学習

角南卓也

1 慣用句の授業とアクティブ・ラーニング

向山洋一氏は、アクティブ・ラーニングの学習過程を五つに分類している。

①問題を見つける。
②問題を追求する。
③討論する。
④異なる意見を認める。
⑤まとめる。

『教育トークライン』
（東京教育技術研究所）

向山氏は、一九八二年九月二十日に慣用句の授業を実践している。『学級集団形成の法則と実践』（向山洋一著、明治図書）に詳しい。

向山氏が行った慣用句の授業は、講義形式のように教師が一方的に教え込むものではない。子供が能動的に学ぶ組み立てになっている。

前掲書から、アクティブ・ラーニングの要素を取り出し、分析する。

2 アクティブ・ラーニングの要素を抽出する

第一に、子供の内部情報をできるだけたくさん出させている。

まず、向山氏は、子供たちに口を使った慣用句を発表させた。

口を使った慣用句の例をいくつか発表させることで、すぐには考えつかなかった子供も考えることができるようになったであろう。

例文を数多くあげるその過程の中で、同じような意味をもつもの、身体の口とは関係ないものなど、子供たちは、様々な問題を見つけることができる。

第二に、考えたい事柄を教師が選択し、板書することで問題を共有化している。

向山氏は、口を使った慣用句をノートいっぱいに書くことを指示した。この時の様子を向山氏は「みんな楽しそうに書いている。」と描写している。この様子からも授業に熱中している様子がうかがえる。

そして、十個書けたら見せに来るように指示した。

一番に持って来た子供の言葉を例

示として黒板に書いた。その後、向山氏がいくつかの言葉を追加で板書した。

向山氏は考えさせたい事柄を選択して板書したと推定できる。

向山学級の子供からは次の例が黒板に書かれていた。

①口が悪い ②みどりの窓口
③から口 ④口べた ⑤がま口
⑥口答えする ⑦口々に言う
⑧口が重い ⑨口びるが厚い
⑩口がかたい ⑪口がへらない
⑫改札口 ⑬無口な向山先生
⑭かげ口を言う ⑮口をとじる
⑯口をはさむ ⑰口車にのる
⑱口が早い ⑲わる口
⑳口がものをいう

（一部抜粋：角南）

第三に、慣用句を分類し検討させている。

向山氏は、「口びる」を消し、「二つか三つの仲間に分けなさい。」と指示した。

前掲書に、活発な話し合いになったと記述がある。おそらく

> 異なる意見を認め、討論・論争の状態になっている

のである。まさにアクティブ・ラーニングだ。

話し合っているうちに、子供たちは「①口を指す ②口以外のものを指す」の二つに分けるという答えを導き出した。この基準で分けると、「から口」「口車」は、意見が分かれ、活発な話し合いになった。

そして、向山氏は、二つの仲間に分けたものを指して「これでいいのですね。これは口を指すのですね。」と念押しをした。

最後に、向山氏は聞いた。

> 口がかたいとあります。では、かたい口をして見せてください。
> 口が重いとあります。重い口を見せてください。

中にはやっている子供もいたが、「できない」と多くの子供は言っていた。つまり、動作化させることで、比喩表現の口と、身体の口との違いに気づかせたのである。

この学習によって、「分からない言葉」や「あいまいな言葉」に出合った時に、用例を次々とあげ、分類するという方法を使えるようになった。

この授業を受けた子供たちは、他の学習に転移する、汎用性の高い学習方法を身につけたのだ。

他の学習でも能動的に学ぶことができるのである。

（岡山県倉敷市・本荘小学校）

情報処理する「かける」の授業

「わずか一語」だけで熱中状態！

上地貴之

1 三年生でも熱中する

子ども達が熱中し、討論に至る「かける」の授業。向山洋一氏が五年生を担任した時、最初の国語の教材に出ていた一文を授業した。

一文とは、「たかが巣をかけたそうだ。」である。そこから子ども達がたった一語の「かける」の意味を、数時間にわたり追求した。

「かける」の授業の場合、アクティブ・ラーニングの組み立ては、次のような順序になる。

①問題を発見する
②問題を追求する
③異なった意見を認める
④討論・論争をする
⑤結果をまとめる

この授業で、子ども達は言葉の意味を深く追求できるようになる。

三年生に実施したが、言葉の使い方をよく考え、自然と討論になっていった。

2 用例を集めて分類する

「たかが巣をかけたそうだ。」の文について、子ども達に問う。

「かける」とは、どういう意味ですか。

アクティブ・ラーニング①「問題を発見する」学習活動である。

私の学級の場合、「他の鳥に巣を振り掛ける」「巣の上を駆け回る」「巣を作る」等の意見が出た。向山学級のように、「辞書で調べる」という子もいた。向山氏は「辞書を引くのは良い方法だ。だが、それは一つの方法であって、絶対に良いということじゃない。みんなの頭の中にも、辞書のかけらが入っている。」と述べている。次に、

「〜をかける」の短い文をいっぱい書きなさい。一文ごとに番号を打ちます。

と指示した。アクティブ・ラーニング②「問題を追求する」学習活動である。

ここでのポイントは、「かけるの用例を数多く集めさせること」にある。子ども達は熱中し、ノートに書いていった。向山氏はいくつか発表させ、もっと書いてくるよう、宿題にした。

次は、アクティブ・ラーニング③「異なった意見を認める」学習活動である。流れは次のようになる。

①書いた用例を板書・発表させる。
②ノートに書いていない用例は写させる。
③たくさんの用例をいくつかのグループに分類させる。

板書させる時は、

ノートに三つ書きます。書けたら黒板に一つ書きなさい。

と指示した。

黒板に次々と用例が書かれた。一部を紹介する。

・電話をかける　・命をかける
・橋をかける　・一に一をかける
・馬で草原をかける　・時計をかける
・気にかける　・念じをかける
・賞金をかける　・迷惑をかける
・前歯がかける　・水をかける
・ボタンをかける　・毛布をかける　等

また、自分が書いていない用例はノートに写させるようにした。

向山学級では、百を超える用例が出された。それらをいくつかのグループに分類させた。

この後さらに向山氏は、用例を一覧のプリントにし、子ども達に配布して分類させた。「懸ける」「駆ける」「賭ける」等の用例を除き、「掛ける」に絞って検討するのである。

次は、アクティブ・ラーニング④「討論・論争をする」段階である。

3 最も違うと思う意見から検討

討論・論争する段階は、アクティブ・ラーニングの授業の肝である。

「掛ける」に絞って分類させる場合でも、多数の用例がある。

私は次のように指示した。

> 「掛ける」という漢字は同じでも、意味は違います。同じような意味で使うものに分けなさい。

隣同士でも相談させた。その後、分け方を発表させた。討論になるためには、出された意見を検討し、さらに絞らなければならない。ここでのポイントは、次のことである。

> 最も違うと思うものから検討し、最後に残ったもので討論・論争させる。

向山氏は、「例によって、最も悪い例からつぶした。」と述べている。この方法は、討論させる時の原則だといえる。全体で分類案を検討させる際、向山学級では次々に案が出され、黒板に用例の意味を示す絵も描かれていたため、ダイナミックに討論が展開したと推定できる。

私の学級では、「ぶら下げ・引っ掛けるタイプ」（帽子をかける・壁に時計をかける等）の分類例を発表している時に、「違うよ……」というつぶやきがあり、ミニ討論が始まった。

「橋をかけるというのと、時計をかけるというのでは、分類の種類が違うのではないか。」という意見が出て、その後も検討が続いた。

あれもこれもと検討させていくと、討論にならない。「最も違うと思うもの」から検討していくことによって、子ども達は討論の仕方がだんだん分かってくるようになる。

向山学級では最後に、四つに分類する方法（①ささえる・ひっかける・さげる②上からのせる・つけ加える③こちらからあちらへ、または、物から物へ渡す④目に見えない物をこちらからあちらへ送る）が残った。向山学級の子ども達の分析もすごいので、ぜひ原文を読んでいただきたい。

「かける」という一語だけでも、子ども達が分類し、それらを検討していくことで、熱中するアクティブ・ラーニングの授業になる。

（子どもの感想）「かける」という言葉だけで、たくさんの使い方があることがわかって驚きました。グループに分けるのは難しかったけど、たくさん頭を使ったのでとても勉強になりました。みんなと意見を言い合うのがおもしろかったです。

【※引用元は『向山洋一全集三十五巻　子どもが熱中する向山型漢字・言語指導』（明治図書）】

（千葉県市川市・冨貴島小学校）

熱中する発問「俳句」の授業

こんなに簡単！「俳句」のアクティブ・ラーニング型授業

鈴木良幸

1 アクティブ・ラーニング＝討論

アクティブ・ラーニングをこう定義する。

> アクティブ・ラーニング＝「討論の授業」

「どうやったら討論になるか」を考え、逆算して授業を組み立てなければならない。良質な発問こそが、子どもたちを討論の授業へと誘うことができる。

その結果、子どもたちの読解力を伸ばすことができる。

2 「発問」の順番

例えば「古池や……」の句でアクティブ・ラーニングの授業を創るとする。最初に子どもに何をさせるのか。

最初は音読だろう。しかし、どうやって音読させるのか。粗く言えば以下の二つに収斂されるだろう。

> 1　教師の後に読ませる（範読）「先生の後に続いて読みます」
> 2　子どもに自由に読ませる「自分の読み方で読んでごらん」

どちらにも指導のロジックがあるが、私は迷わず「2」を選択する。

この指示を出すだけで「アクティブ・ラーニング」への第一歩となる。

音読後、「隣の人に自分の読みを聞かせなさい」→「隣の人と読み方が違った人？」等発問して、発表させると盛り上がる。そこかしこで検討が始まる。「今の読み方を覚えておきなさい」と告げ、次の展開へ行く。無論、読み方が難しい漢字等がある場合は教える。

次は「季語は何ですか？」「季節は何ですか？」「強調されている言葉は何ですか」（修辞法等）だ。

問題はその次だ。何を発問するのか。

向山型分析批評を学ぶと以下のような発問がたちどころに出てくる。

> 1　話者どこにいますか
> 2　話者に見えているものを全て書きなさい
> 3　この俳句を絵にしなさい

などなど、さまざまある。子どもたちの討論で授業が進む（＝アクティブ・ラーニング）ためには、良質な発問を出す必要がある。入念な教材研究が必要だ。

しかし、そのように念入りな教材研究をする時間がないときもある。

そのようなときはアクティブ・ラーニングの授業を創り出すことはできないのだろうか。

そんなことはない。

こう発問すれば良い。

> この俳句を読んで「わかったこと・気づいたこと・思ったこと」を箇条書きでできるだけたくさんノートに書きなさい。

向山洋一氏の実践によく出てくる言葉だ。こう発問すると子どもたちは、ノートにたくさん自分の考えを書いてくる。

子どもが書いたノートを教師のところに持ってこさせて、ほめながら○をしてあげれば良い。

子どもの書いたことを取り上げ、「○○さんがこう書いてくれました。みんなはどう考えますか。自分の考えをノートに書きなさい」と全体に発問する。

例えば「古池や……」の句なら「話者に古池は見えているのか」等をノートに書いてくる子どもがいたら、すかさず取り上げる。

その後は出された意見の交通整理をすれば、討論へ自然とたどり着く。

③ 討論、その後

アクティブ・ラーニングの特徴は「認め合う」ことだ。

片方が片方をコテンパンにやっつけるのではない。最後は「認め合う」ことができる展開とする。俳句の授業なら、最後はこう発問する。

> 自分の解釈通りに読みなさい。

最後はそれぞれの「解釈」を「読み」として表す。学習する前と後で、どう「読み」が変わったのか、メタ認知させる。そしてお互いに認め合えるようにする。

④ 優れた発問

もちろん「優れた発問」からアクティブ・ラーニングの授業を創ることはできる。それらは向山氏の実践を参考にすれば良い。

それとは別に子どもの意見を取り上げて、それをつなげていくことでアクティブ・ラーニングの授業を創ることも可能である。

こういった授業展開も向山氏の実践の中に多数ある。

（都立八王子東高校）

意見が分かれる発問「詩」の授業

「討論の仕組み方」と「局面の限定」

岡山晃一郎

① 意見が分かれる発問

ある日、向山学級のOさんが「雲」という詩を持参した。

> 雲　　　八木重吉
>
> くものある日
> くもは　かなしい
> くものない日
> そらは　さびしい

「『かなしい』と思ったのは誰ですか」

この発問で、教室は真っ二つに分かれた。「『かなしい』と思ったのは作者」派と「『かなしい』と思ったのは雲」派である。

さらに子どもの意見は大きく三種類に分かれた。雲派は一種、作者派は二種の意見に分かれた。

雲派

A「ぼくは走る」という時、「走る」のは「ぼく」である。「は」はイコールである。だから「かなしい」のは「くも」である。

作者派

B「くも」がかなしいかどうかは分かるわけがない。作者がそう考えたのである。「くもはかなしいだろう」という意味である。

C作者が「くも」になって書いたのである。

雲派Aの意見への向山氏の反論

「カレーライスはうまい」というとき、「うまい」と感じたのはカレーライスか。

この反論に子どもたちは「やられた」と言った。しかし、そこでH君が「これは、この前教わった擬人法で、くもを人のように書いているのだ。」と反論した。教師の反論に対してもさらに反論するたくましさがある。

向山氏は授業のまとめとして「作者と言わず話者ということ」「視点のこと」を話している。さらに「根拠があるならばどれも良い、すべて正解である」と述べ授業を終えた。異なった意見を「根拠があれば」認めるという学習のルールを作っている。

② 討論の仕組み方

先のような知的なアクティブ・

ラーニングの授業を行うには「討論の仕組み方」の原則に沿うことも重要である。ある事柄に対する意見が多いこともある。しかし、対立する意見が三つも四つもあっては討論がぐしゃぐしゃになってしまう。

私の学級でも「雲」の授業を追試した。すると、向山学級の子どもたちの意見に加え、「『かなしい』と思ったのはそらだ」「『かなしい』と思ったのはくもとそらだ」という意見が出てきた。これらは詩からは読み取ることができない。意見をどう絞るかが重要であった。

向山氏は討論の授業の経験が少ない教師に向け次のように述べている。

> 子どもたちの意見を対立する二つの意見に絞り込んでやるべきだ。

授業で様々な意見が出る。どう意見を絞るか。次の向山氏の「『春』安西冬衛」実践が参考になる。

3 「局面の限定」で意見を絞る

向山氏の「春」の授業では六つの意見が出た。氏は次のように組み立てた。

> 班ごとの話し合い（五分）
> 「自分の考えを発表して他の人の意見を聞きなさい。」
> 班ごとの話し合い（三分）
> 「だめだと思うのを一つだけ班で決めなさい。」
> 立場の表明（討論の始まり）
> 「自分の考えで良いから（反対の意見に）手を挙げなさい。」
> 意見の妥当性の検討（討論）
> 反対の理由をノートに書き、その上で討論する。

この組み立てによって一つひとつの意見が検討され、絞られる。その時々の論争では「正しいか」「正しくないか」しかない。そのため、討論がしやすい。つまり、

> 「局面の限定」で意見を絞る

ことが重要なのだ。

意見を絞り込む時には、子どもの同意を得ることも重要だ。しかし、時によっては教師が絞り込むこともある。

そうして最後に残った二つを討論させるのである。

私の学級でもこの討論の仕組み方を用い、討論した。最終的に「雲派」と「作者派」に分かれ、討論が成立した。意見は真っ二つ。休み時間まで子どもが討論するほどの熱中ぶりだった。

【引用文献】『学級集団形成の法則と実践―学級通信アチャラ』・『教え方のプロ・向山洋一全集47―発問一つで始まる「指名なし討論」』（明治図書）

（静岡市・清水駒越小学校）

ALの最高峰「やまなし」の評論文

一人一人が確固とした論拠を持っている
～ステップを踏んで追試する～

石坂　陽

1 立場が異なるという凄さ

向山学級の評論文を初めて読んだ時の衝撃が今でも忘れられない。圧倒的な量ももちろんなのだが、私は次のことに驚いた。

> 最終的な立場が、それぞれ異なっていること。それでいて、一人一人の論の水準が極めて高いこと。

向山学級の名取伸子さん、東よう子さん、上田良樹君の「視点」に関する冒頭の文章を比較すると一目瞭然である。次の文章だ。

> ■名取伸子さん
> 結論からいうと、この作品は一人称視点である。
> ■東よう子さん
> 三人称限定視点に賛成する。
> ■上田良樹君
> この物語の視点は三人称全知視点である。

名取さんは一人称視点、東さんは三人称限定視点、上田君は三人称全知視点と述べている。

お互い主張が異なるのである。

しかし、それぞれが非常に高度な論を展開している。論拠がはっきりしている。

この三人に限ったことではない。

異なる意見を認めた上で、自分の考えをしっかりとまとめているのである。

今から三十年以上前に、アクティブ・ラーニングを高次元で実現していたと断言できる事実である。

このことは、向山学級の評論文集に詳しい。

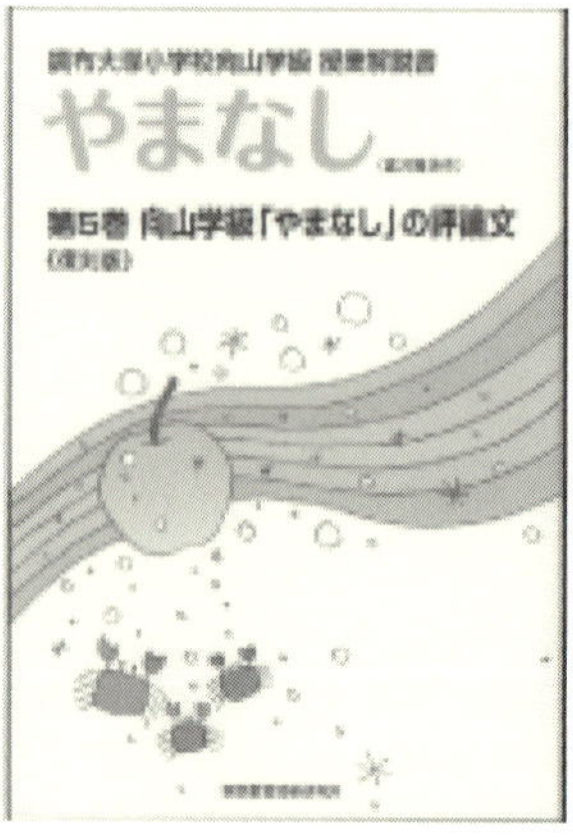

【『やまなし授業解説書』（東京教育技術研究所）】

2 教室における実践のポイント

向山学級の「やまなし」の授業の峰は、とてつもなく高い。そのまま追試することは、私には不可能であった。向山洋一氏の発問で考えられるレベルにまで子どもが鍛えられていなかったからである。

そこで、部分的に追試をした。

「色が表すイメージ」である。

もちろん、いきなり「やまなし」に出てくる色の検討はできない。

次のステップを踏んだ。

> 【ステップ1】
> 短文でのイメージの検討。

まず、短文から検討させた。「A　太陽が赤くきらきら輝いていた。B　太陽が赤くぎらぎら照りつけていた。」という短文を提示した。「AとBの文の赤は、それぞれどんなイメージがあるか。」と発問した。

Aは「喜び」「幸せ」を表している、Bは「苦しさ」「不幸」を表している、といった意見が出た。

次のステップがこれである。

> 【ステップ2】
> 「叙述によって、イメージが異なってくること」を押さえる。

色のイメージとは、その色の先入観で決まるものではなく、叙述で決まることを子ども達に理解させる。

> 【ステップ3】
> 「やまなし」の色のイメージの検討

ここで、「やまなし」における色のイメージの検討をさせた。

私は「黄金」と「黒」について検討させた。

3 子どもの姿

私の学級の子ども達。

「黄金が何を表すか？」において、クラス平均3ページ以上ノートに意見を書き連ねていた。

ある子どもは「死」、ある子どもは「幸せ」、ある子どもは「希望」というように、意見が異なっていた。

それでいて、一定の水準のものを書いていた。

向山洋一氏の「完全追試」は非常に難しいと言わざるを得ない。部分的な追試が効果的である。

（石川県かほく市・宇ノ気小学校）

長いものを教材化「水道」の授業

向山氏の討論の授業の準備は、新学期第一日の授業から始まっている。

井戸砂織

向山洋一氏は、アクティブ・ラーニングを次のようにまとめている。

①課題を発見する
②課題を追求する
③討論・論争する
④異なる意見を認める
⑤まとめる

向山氏の「水道」は、一九八二年四月、四年生に行った授業である。この授業で、向山氏は課題を発見し、どう追求するかを具体的に指導している。さらに指名無し発表の方法を教えている。これが討論につながる。

この記録が、『授業の知的組み立て方』（明治図書）に載っている。

この授業で、「課題」は大きく分けて、二つあると考えられる。

A：向山氏から次から次へと出される課題。
B：それらの課題の答えを予想した上で、与えられる次の課題。

Bの課題は、これである。

★どんなことを調べたらいいか。また、自分はどんなことが分からないか、または、どのようなことを勉強したいか、思いつくままにノートに書いてもらいます。ノートを出して白いところ（新しいところ）に番号一、二、三、四、……と書いて、勉強をしたいこと、不思議に思うこと、という題を書きなさい。簡単に書いてください。思いつくままに書いてください。

アクティブ・ラーニングのステップ①は、「課題を発見する」である。そうすると、Aの向山氏から出された課題は、子供達が発見したものではない。しかし、この課題が絶妙で、これがあるからこそ、子供達は、どんどんやる気を出し、Bの課題に熱中して取り組むのである。

1 Aの課題

Aの発問の最初の四つを見てみる。子供達にとって身近なことを取り上げ、予想させている。

発問1　きみたちは一日にどれだけ水を飲みますか。
発問2　自分たちは一日にどれだけ水を使いますか。
発問3　きみたちの家で一ヶ月、何本分使っているか書いてください。
発問4　次は、一ヶ月に使う水の量は、いくらぐらいか。きみたちの家では、何円と、そう書いてください。

向山氏は、全員を授業に参加させ、これらの課題を解決させるための方法を明確に教えている。

まず、「一日にどれだけ水を飲むか」に対し、答えやすいように、一升瓶を見せ、この瓶の何本分かを答えさせている。次に、変化をさせ、「一日にどれだけ水を使うか」と聞いている。生活のことであるから、イメージしやすい。

その次は、「一ヶ月、何本分か」「一ヶ月、いくらか」と進んでいく。このとき、ノートに自分の意見を書くことを教えている。そして、子供を指名し、答えさせる。その意見をもとに、四つ（①十万円ぐらい②五万円③二万円④九千円）示し、どれが一番近いかを「挙手」で確認している。全員を授業に巻き込んでいる。

そして、「多数決でいけば五百本、これですね。きみたちがお家に行って調べれば、簡単にわかることです」。調べ活動を薦めているのだ。

稲垣君の「五百本で十万円」という意見に対して、向山氏は、一本あたりを「計算」している。

> 「一本あたりいくらになるかというと、水がこれ一本二百円。トイレで一回ジャーと流すと千円ぐらいかかるんですね。これは、お家に帰って、お家のお父さん、お母さんに聞いて、調べてノートに書いてきてください。」

「一本あたりいくらになるか」は、向山氏から出された課題であるが、絶妙な働きかけにより、自分で追求したいと思う課題に変化していく。

さらに、次のように教えている。

> 「ノートに正しい答えを書く欄をつくっておきなさい。何本分かというのと、何円分かというのを、答えを二カ所に書けるようにしなさい。その欄を大きめにとって、四角で囲んで。」

ノートに正しい答えを書く欄をつくらせ、この後、「水道屋さん」からもらった水道の「カード」をノートに貼ってくるように教えている。

Aの課題は、まだ続く。「学校での使用量、金額」→「水はどこからきているのか」→「自分たちが飲んでいる水の源はどこか」を考えさせていく。子供達は熱中状態である。

2 Bの課題

Aの課題で子供達はすっかり「水」の世界にひきこまれている。その上で、上述した（★印）の指示を出す。

十分後、発表させている。このとき、向山氏は「指名無し発表」を教えている。最初の社会科の授業で。

さらに「自分で調べられそうなものに赤鉛筆で番号に◯」をつけさせ、「地図を見る」「水道局に聞く」など「調べる方法」を教えている。

向山氏は、「討論の授業の準備は、すでに新学期の第一日の授業から始まっていたわけである」（前掲書P106）と述べている。向山氏の水道の授業は、アクティブ・ラーニングで子供達に力をつける珠玉の指導がちりばめられた授業である。

（愛知県豊田市・東保見小学校）

論争・討論「雪国のくらし」の授業

体験を蓄積させ、整理した後だからこそ、討論が成立する

小塚祐爾

「雪国のくらし」の授業は、向山洋一氏が一九九〇年二月に四年生に対して行った授業である。

アクティブ・ラーニングの定義を

> 課題の発見と解決に向けて主体的・協働的に学ぶ学習
> （初等中等教育における教育課程の基準等の在り方について　平成二六年一一月二〇日　中央教育審議会）

としたとすると、この授業は以下の点で、まさにアクティブ・ラーニングであると言える。

> ①「討論の課題」が子どもたちの意見から導き出されていること
> ②「討論」が子どもたちの手によって展開されていること

「雪国のくらし」のようなアクティブ・ラーニングの社会科授業を行うためには、どのような点がポイントになるのか、また、どうすれば実現できるかについて以下に述べる。

1 直接・間接体験を蓄積する

この単元はおおよそ、次のような単元であったと推測されている。

> ①東京に雪が降った時に大雪新聞を作らせる。及び実態調査
> ②雪国のスライドを多く見せ、一枚の写真から考えさせる
> ③学校に二ｍの大雪が降ったらどうなるか調べさせる
> ④校区に二ｍの大雪が降ったらどうなるか調べさせる
> ⑤二枚の写真を比べて雪国の人々の生活をみんなで考えさせる
> ⑥雪国では、雪が多くて学校に行けないかどうか討論させる
> ⑦雪国の道路はどんな工夫があるのか、家の造りはどうなっているのか、討論させる
> ⑧雪国の人は損をしているか、していないか討論させる
> （TOSSランド№５８３１０９１を参考に作成）

この単元の前半、①～④は体験を十分に蓄積させる構成になっている。

①は東京で十cmの雪が降ったあと子どもたちに大雪新聞を作らせ、体験を出させている。

②では、雪国のスライドを多く見せ「様子」や「イメージ」を持たせる間接体験をさせている。

③④では、二mの竹の棒を持たせ、二mの雪が降った時を疑似体験させている。

これらの活動は、向山氏の以下の考えを元に行われている。

> ①子どもは「経験」を足場にして考える。
> ②「経験」の層を広げることが大切である。
> ③「体験」したことのないものを考えるには二つの方法がある。
> a自分が写真の中に入り込み、その土地に行ったこととして考える。
> b違う土地の特色を自分の土地に持ってきて考える。
> (『これが向山型社会科授業だ！基本型をつくるキーワード30』明治図書　より)

体験を十分にさせているからこそ、この後の討論が盛り上がるのである。体験がなければ足場のない思いつきの考えになりがちである。

2 子どもの意見を次々と出させる

次に重要なのは⑤の部分である。

向山氏は、いきなり⑥⑦⑧の討論に持ち込んでいるのではない。

討論の前段階で二枚の同一地点の写真（「雪国の民家に雪が積もっている写真」と「積もっていない写真」）を提示し次の課題で授業をしている。

> 二枚の写真をくらべ、雪国の人々のくらしについてみんなで考えなさい。

この課題があることで、これまでの個々の体験を「雪国の人々のくらし」という観点に沿って整理して意見をまとめることができる。

そして、お互いの意見を交流することでさらに内部情報が蓄えられることになる。

そうすることで、さらに体験の層が広がる。

こうして、話し合いの子どもの意見の中から、⑥⑦⑧の課題が生まれることとなり主体的・協働的に学ぶ学習になり得たのである。

このように考えると、社会科におけるアクティブ・ラーニングの流れの一つとして次のような流れが見えてくる。

> ①学習に関する直接体験・間接体験を積ませ、「経験」の層を広げる。
> ②ある観点に沿って体験を整理し、それについて全体で考える中で、課題を発見する。
> ③自分たちで考えた課題について、討論し、解決し、まとめる。

（神奈川県大和市・草柳小学校）

追究「多摩川は誰のものか」の授業

身近な看板が政治を身近なものにし、討論を生む

中田幸介

1 本実践の子どもの活動

向山実践の魅力は「討論」である。子どもたちが自分で調べ、資料を持ち込み、大人顔負けの論を展開する。

文部科学省が定義する【アクティブ・ラーニング】に合致している。

「(抜粋) 発見学習、問題解決学習、体験学習、調査学習等が含まれるが、教室内でのグループ・ディスカッション、ディベート、グループ・ワーク等も有効なアクティブの方法である。」

『授業の腕をみがく』から本実践でのポイントをまとめる。

1　社会問題を見つけるのに、新聞記事から見つけてくることを避け、子ども自身が見たり聞いたり調べたりすることが可能な範囲に絞ったこと

2　カード学習（ＫＪ法）を用い、班ごとに整理させること

3　子どもたちは調べた証拠をもとに次々と論争をひろげたこと

4　授業の構成のために教師が現場に行き、教材研究をしていること

「(多摩川の河川敷にある) 荒れ地を遊び場にするには、どうしたらいいか」という問いをつくるために、第一次では、多摩川に関する経験をカードに書かせている。

生活圏に多摩川があることでたくさんの情報が集まり、それを共有化することができる。

それから集まった情報を分類する。分類する中から問いが生まれてくるのである。

この作業がなければ、後の討論へとつなげることはできない。第二次以降は問いについて調べ、討論をしていく。

2 なぜ看板なのか

この授業の肝は「所有者は誰か」ということである。

向山氏はこの授業に先立ち、多摩川の丸子橋に足を運び、河原に降りてみる。そこで発見したのは、橋の下に大きく書かれた文字であった。

申請者「東京都知事」
許可者「建設大臣」

看板には実に多くの情報が載せてある。しかし、肝心の「所有者」が書かれていない。そこで向山学級では、「所有者」つまり誰のものかが論点となるのである。「所有者」を明らかにするために、単に誰のものと聞いているのだけではなく、そこから日本の政治システムをとらえさせようとしているのである。

看板は日本全国どの子どもたちでも目にすることができる。上の写真は丸子橋に立てられているものである。

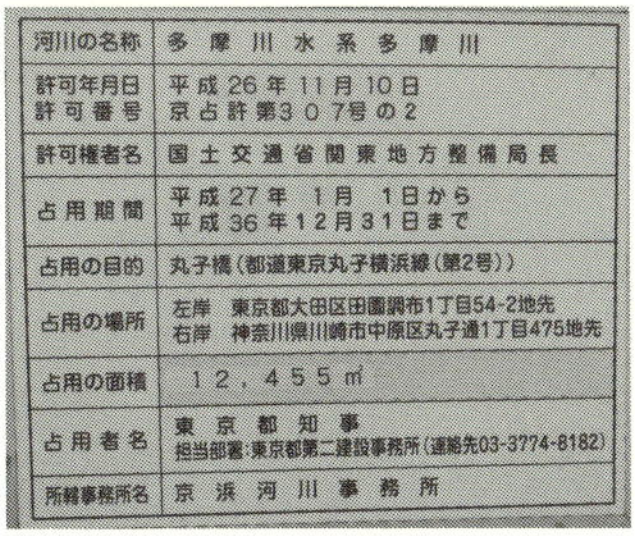

向山学級

では「河川法」まで持ち出している。通常考えられない。調べる方法が指導されていると考えられる。看板の記述からここまでつなげることができるのである。

3 授業を追試するには

向山型社会セミナーで学んだアクティブ・ラーニングの進め方である。

まずは、絵や写真などから問題を発見させ調べ方を教えつつ、簡単に解決できるものは一斉授業する。子どもが発見したことはすべて認められるように、教材研究しておく。

次に、問いを立てる際には「どのように」とすることで子どもの作業が具体的になり、思考も活性化する。

調べる際には、引用の仕方と自分の言葉で書く言葉を区分けさせる情報の処理の仕方を教える。

そして、討論、論争させるときは、同じ立場から同じ土俵に立ち、根拠があるならば一歩も譲らず最後まで討論させる。

その際、相手の意見を尊重し、異なった意見を認めるのが向山実践の特徴である。

最後に、子どもたちが考えたことをノートなどにまとめる。

初めはフォーマットを与え、まとめ方を教える。学んだことを書かせた後、時間がきたら教師がその学習のキーワードを三つほど発表する。このキーワードがまとめの中に入っていたら、それは「A」となるのである。

【原実践】
授業の腕をみがく／向山洋一は社会の授業をどうつくっているか／向山洋一実物資料集第6巻／向山洋一年齢別実践記録集第18巻

（福岡市・和白東小学校）

概念を覆す「青森のりんご」の授業

ダイナミック・インテリジェンスを伸ばす向山実践

塩谷直大

人間の知性には、「スタティック・インテリジェンス」と「ダイナミック・インテリジェンス」という二つのモードがあると言われている。

「スタティック・インテリジェンス」とは、固定的な知識や行動パターンを再現・反復する能力のことだ。知能テストなどには有効で、変化のない状況での問題解決に役立つ。

一方、「ダイナミック・インテリジェンス」とは、絶えず変化する複数の情報、同時に生起する情報を処理する能力で、複雑な現実の生活や対人関係の中で問題解決し、学習するのに必要な能力のことだ。

どちらも必要な知性だが、アクティブ・ラーニングでは、後者の知性を伸ばしていくことがより重要になる。「青森のりんご」の授業では、このダイナミック・インテリジェンスを伸ばす授業展開になっている。

1 課題を発見する

「日本で一番りんごを生産する県はどこですか」授業冒頭に、向山氏はこのように発問している。すぐに何名かが挙手し、指名された子が「青森県です」と答える。向山氏は地図帳を開かせて、津軽平野で一番多く生産されていることを説明する。そして次のように発問している。

> 発問　それでは、なぜ青森県はりんごの生産地になったのだ思いますか。

この発問に優等生らしい子が「気候が適しているからです」と答える。他の子はみんな手を下げてしまう。ここまでの発問は、全て「スタティック・インテリジェンス」を問うものだ。しかし、続きがある。

> 指示　いまの答えが正しいかどうか、事実を調べてみましょう。地図のうしろについている資料を出してください。

この指示で子どもたちの概念が崩れる。北海道や東北地方は、気候条件がほとんど変わらないのだ。教科書などの記述が全て正しいことではないことが明確になったのである。

2 課題を追求する

向山氏は続ける。「青森でも長野でも北海道でもたくさんのりんごが生産されている。そうすると長野以北は、ほとんど同じ条件ということになるんだ。青森県の津軽平野で、どうして日本一のりんご生産高があるのかは、気候が適しているからだけじゃないよね」

指示　自分の頭で考えてみよう。思いつくことは何でもいいから発表してごらんなさい。

「ダイナミック・インテリジェンス」を問う展開だ。子どもたちは、「何でもいい」のだから、次々と発表し始める。

3 異なった意見を認める

この後、向山氏は、どんなに突拍子もない意見でも、認めて褒める。「儲かるんだと思う」という子の意見に、「それも大切だ。どうしたら儲かるのかな」と質問し、商品作物が一地域で集中して作られることによって、価格が下がることをおさえている。このような氏の対応の背景には、膨大な教材研究がバックボーンとして存在する。この授業のために向山氏は『青森県史』までひも解き、調べたという。

4 遠藤友紀雄さん

この授業を三〇年以上前に、受けていたのが遠藤友紀雄さんだ。小学生時代に遠藤さんは、この授業のことを作文に書いている。

何回も何回も手を挙げて、いろいろな意見を言い、他の意見に賛成したり反対したりするのがたまらなく面白かった。

まさにダイナミック・インテリジェンスである。また遠藤さんは向山先生の授業で、熱中して思考した理由を振り返り、「向山先生が挑発したからだ」と分析している。

（向山先生の挑発が）そのタイミングといい、言い方といい、どれも絶妙だった。だから、周りのみんなが、休み時間も熱中して問題を解いている状態になっていった。

アクティブ・ラーニングは向山学級で、すでに行われていたのだ。

引用文献
『教師修業十年』向山洋一　明治図書三三頁
『〝向山洋一〟ってどんな先生？』大森第四小・向山学級ＯＢ編　明治図書二三一～二三二頁

（北海道斜里町・川上小学校）

付箋活用の「戦国時代」の授業

TOSSメモでアクティブな調べ学習

赤阪　勝

向山先生の歴史学習における代表的な実践「三人の武将」を追試した。まず、TOSSメモを一人に一つずつ渡した。次に、教科書を見て自分の選んだ武将について調べたことを決めさせた。その際に、TOSSメモの一番下に「年」「出来事」「人物名」だけを書かせた。

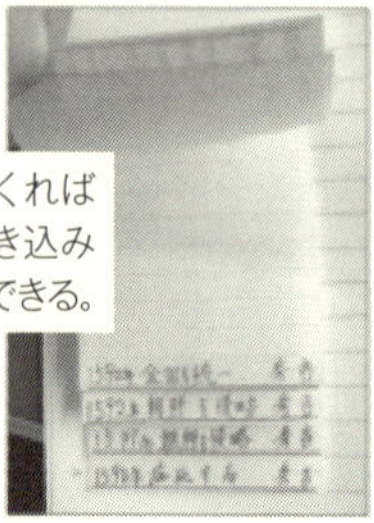
めくれば
書き込み
ができる。

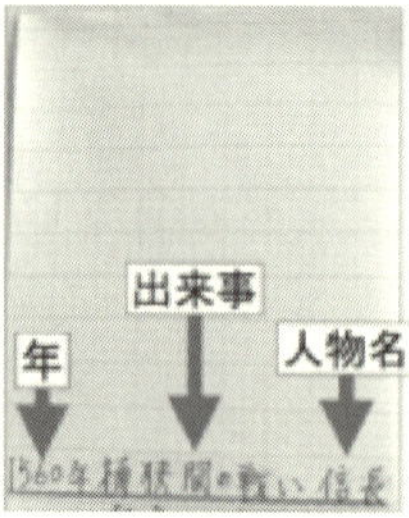

次に、これを一行ずつずらして時系列で重ねて貼らせると、たちまち「年表」ができた。しかも、ただの年表ではない。めくれば、そこに自由に書き込みができる年表である。

❶ 自由に並べ替えて年表をつくる

「この年表を自由に並べ替えなさい。」と指示をした。そのうち、「信長」「秀吉」「家康」を選んだ子が三人組をつくり、自分たちのメモを合体させた。最初はそれぞれを並列的に並べていた。しかし、よく見れば、三人とも生まれた年代が異なる。そこで、三人の年代を揃えて並べた。

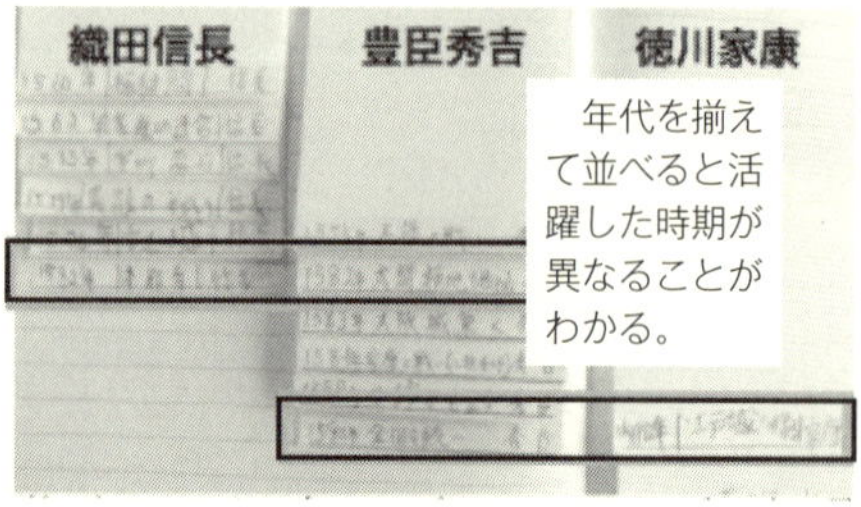

【上図】この年表を見て、初めて信長が一番早く生まれたことや、家康が一番長生きしたということを知った子たちもいた。

ある子は自分の並べた年表を反対から並べ直した。すると、ゴールした姿からその人物の一生をたどることができる。秀吉は一五九〇年に全国統一をした。では、その原因となったことは何かという視点で下の方にある出来事をたどることができる。

このように自由な発想を生み出すことができるのが、TOSSメモである。

２　最も重要なエピソードは何か

メモを机の上に並べさせた。縦３枚、横５枚で計15枚は並べることができる。ここで、「最も重要なエピソードは何か。」と問うた。そして、左上から重要と思う順に、No.１、No.２……とメモを置かせていった。さらに、その中のNo.１からNo.５まで持って、三～四人組を作らせ、机の上にそのメモを並べさせた。すると、子どもたちは勝手に話し合いを始めた。こうしてみると、友だちとの意見の相違が一目瞭然である。

子どもたちの話し合いが白熱するのは、No.１からNo.５までのどれを決める時か。私は、最初は当然のことながら、No.１だと思っていた。豊臣秀吉の場合はほとんどの子がNo.１は「天下統一」にしていた。それに続いて「検地」「刀狩り」が上位をしめた。ここら辺りはほとんどの子が変わらずであった。しかし、No.４やNo.５になると「聚落邸」や「朝鮮出兵」「大坂城築城」などが入ってくる。ここの辺りは一人一人がバラバラの意見になる。したがって、話し合いが白熱するのだ。【左図】

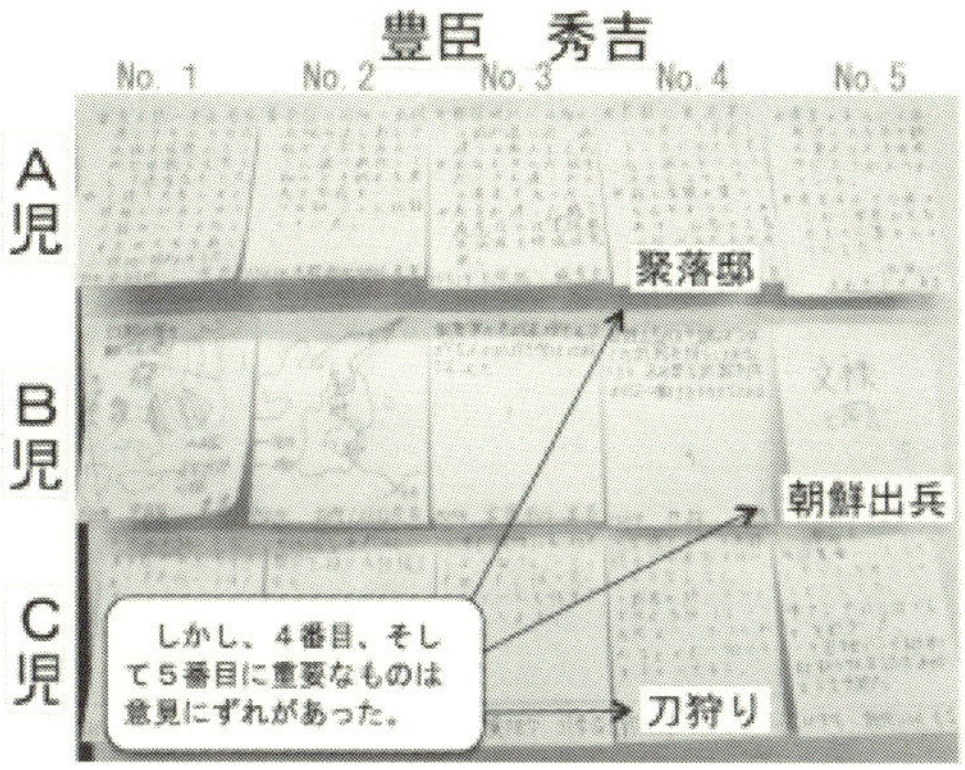

徳川家康も上位は「江戸幕府を開く」「征夷大将軍」「関ヶ原の合戦」でほぼ上位三つは決まってしまう。しかし、No.４やNo.５になると「大坂夏の陣」「江戸城開城」「三河統一」「小さい頃に人質」など一人一人がバラバラの意見になってしまう。ここで、話し合いが白熱していた。つまりNo.１を決める時に白熱することもあるが、そうでないこともあるということだ。それは上位三つがすんなり決まってしまって、下位の方で意見が分かれる時だ。向山実践において「五つのエピソードを選びなさい。」という「五つ」には大きな意味があったのだ。五つだったから下位二つを決めるために白熱した話し合いとなった。

最後に「戦国時代を代表する武将は誰か」について討論を行った。子どもたちは指名なしで一時間途切れることなく発言をすることができた。

向山実践でTOSSメモを使うことによって、子どもたちは、よりアクティブに、より主体的に活動することができた。

（福岡県太宰府市・水城西小学校）

仮説を作る「工業地帯の分布」の授業

本物の『研究』方法までも体験させる授業

太田政男

「工業地帯」の授業はアクティブ・ラーニングの授業であり、子どもに研究方法を体験させる授業でもある。

1 仮説作りと情報の抽象化

「工業地帯」の授業は九つのステップからなり、向山型アクティブ・ラーニングの構造にも当てはまる。

工業地帯の授業 9つのステップ	向山型ＡＬの構造
①内部情報をカードに書く。	1問題を発見する。
②親和性のあるカードを集めグループ化する。	
③カードを構造図にあらわす。	
④仮説を考える。	
⑤似ている仮説を集めて表を作る。	
⑥仮説を3つ選び検証する。	2問題を追求する。
⑦調べたことを発表する。	3討論・論争する。
⑧授業で「なるほど」「へんだな」と思ったことを短く言う。	4異なる意見を認める。
⑨作文を書く。	5結果をまとめる。

この授業の特徴の一つは、「仮説作り」である。

なぜ向山氏は仮説作りまでに六つものステップを踏んだのだろうか。

内部情報の抽象化が必要

仮説化は抽象的な思考が要求される。それに対し、子どもたちが書き出した内部情報は自分の体験の反映でしかなく、具体的な情報である。

それゆえに仮説化が苦手な子が多いのである。

だから、向山氏はK・J法を子どもに教え、内部情報を抽象化していく手段を身につけさせたのである。

構造図にもさせることで情報をさらに抽象化しているのが分かる。

この過程を向山氏は「内部情報の再構成」と呼んでいる。

ここまでやるからどの子も仮説作りができたのである。

2 既知のすぐ隣の未知

向山氏は仮説を作らせる際に二つの条件を出している。

①自分で調べて証明できると考えられるもの。
②本などを見てはならない。

子どもたちは自分の頭の中にある「再構成された内部情報」だけを頼りに仮説を作るのである。このことに大きな意味がある。

内部情報の再構成とは、「既知」の整理である。一方、その後に行われる仮説作りと表の作成は「未知」の整理である。この整理により、次のことが可能になる。

「既知のすぐ隣にある未知」を仮説にする。

これは、専門家の行う「研究」の方法と全く一緒である。

既知のすぐ隣にある未知だから考える足場がある。これがもしも本から得た情報をもとにした仮説だったらどうだろう。その足場はもろく、調査も頓挫してしまうだろう。

自分で証明できそうか考えさせるのも意味がある。たくさん作った仮説の中から「既知」に近いものを選ばざるを得なくなるからだ。必然的に「既知のすぐ隣の未知」が仮説として選ばれることになる。

向山氏はこの授業を通して、本格的な研究方法を子どもに体験させており、その事実に驚くばかりである。

3 授業の要は「ギャップ」

アクティブ・ラーニングを実現するためには、何を授業のメインにするかが重要になる。

「内部情報の再構成」と「指導目標」の間に生じるギャップ。

K・J法を使った「内部情報の再構成」は優れた方法であるが、それだけでは「指導目標」まで到達させることはできない。子どもたちの思考の枠を大きく越えさせる教師の優れた発問が必要なのである。

そのためには、子どもたちの「内部情報の再構成」がどこまでなされているのか把握することが必要である。

向山氏は仮説作りをさせ、その実態調査をしている。そうやって「内部情報の再構成」がどこまでなされているのかを把握していたのである。

子どもの実態調査ができれば、指導目標とのギャップも明確になる。

このギャップを埋めるべく、向山氏は次のような授業展開を構想した。

①体験をもとにした仮説を全体に紹介する。
②立地条件、指標Aの中の仮説のいくつかを検証する。
③ちがった角度から②を検討する。

ここでも向山氏は「具体」から「抽象」へ、「既知」から「未知」へとステップを踏んで無理なく授業していることが分かる。そして③の「もう一歩の突っ込み」もすごい。

この授業は他教科、他分野でも追試できるはずである。

挑戦して実践報告をしたい。

（島根県邑智郡・高原小学校）

多様な意見が出る「九九表」の授業

「九九表」の授業はアクティブ・ラーニングとして他の単元でも応用可能

中田昭大

1 「九九表」の授業＝アクティブ・ラーニング

向山洋一氏の有名な授業の一つに「九九表」の授業がある。左の九九表からきまりや法則を見つける授業である。

		かける数								
		1	2	3	4	5	6	7	8	9
かけられる数	1	1	2	3	4	5	6	7	8	9
	2	2	4	6	8	10	12	14	16	18
	3	3	6	9	12	15	18	21	24	27
	4	4	8	12	16	20	24	28	32	26
	5	5	10	15	20	25	30	35	40	45
	6	6	12	18	24	30	36	42	48	54
	7	7	14	21	28	35	42	49	56	63
	8	8	16	24	32	40	48	56	64	72
	9	9	18	27	36	45	54	63	72	81

主発問と作業指示は、

> 表をゆっくり見ていると、いろいろと面白いことが発見できます。それを探してノートに書きなさい。

である。

向山学級二年生では次のような考えが出た。

> 一．いちばん大きな数は81です。真ん中の四つを足すと（16・20・20・25）やっぱり81になる。
> 二．1と81に線をひいて、紙をおると数字が重なる。
> 三．九の列は一の位が1から9まで並んでいて、十の位が8から1まで並んでいる。
> 四．同じ数字を線で結ぶと、三角形や三角形の上が切れた形ができる。
> 五．ななめの1、4、9、16は間の数字が3、5、7、9……と奇数で並んでいる。

大人顔負けの鋭い意見である。紹介した考えは一部で、実際の授業では全部で二十近くの考えが出た。向山学級の知的レベルの高さがうかがえる。

この授業で、向山学級の子どもたちは九九の表から秘密を探し、堂々と意見を発表し、質疑応答や論争を繰り広げたと考えられる。

まさにアクティブ・ラーニングである。

2 応用可能

「九九表」の授業のように多様な考えが出るとアクティブ・ラーニングになりやすいのではないか。

「比例」の単元の終わりに上のような問題があった。


下の表は紙の枚数と重さが比例している様子を表したものです。

枚数（枚）	10	20	30		50	60
重さ（g）		80	120	160	200	240

① 表のあいているところに、あてはまる数を書きましょう。
② この紙100枚の重さは何gでしょうか。

①は問題を読んですぐやらせた。全員が正解だった。
②は表をじっくり眺めるとたくさんの解き方があることに気がついた。だから次のように言った。

> 表をよく見ると、②はいろいろな解き方があります。式でもいい、図でもいいどんな方法でもいいから解けたら先生の所にもってらっしゃい。

できた子からもってこさせ、板書させた。板書した人と同じ考えの場合は二個目、三個目を考えさせた。全員が自分なりの方法で答えにたどりついた。

子どもからは次の考えが出た。

> 一．式40×10　答え400g
> 二．1枚分が4gなので　式4×100＝400　答え400g
> 三．20枚で80gだから　式80×5＝400　答え400g
> 四．50枚で200gだから2倍する。式200×2＝400　答え400g
> 五．10：40＝100：□　答え400g
> 六．表を書いて求める。
> 七．比例のグラフをかいて求める。

その後、板書した子に説明させた。周りの子もしっかりと説明を聞いていた。説明がわからなかったり、疑問に思った時は自然と質疑応答の場面が生じた。

また、ドラマも生まれた。お勉強が苦手なAさんがグラフをかいて解いた。この方法で解いた子は他におらず、Aさんの説明を聞き、感嘆の声が上がった。

最後に、友達の解き方でなるほどと思ったやり方をノートに書くように指示した。教室はシーンとなり全員がノートに向かっていた。

私の拙授業でも子どもからたくさんの解き方が出た。子ども同士で論争し、認め合う場面も生じた。

多様な意見が出る発問をすればアクティブ・ラーニングとして成立しやすいといえる。他の単元でも応用できる。


【引用文献】

『2年の授業・2年の学級経営』向山洋一氏（明治図書）

（北海道幌延町・幌延小学校）

思考が深まる「台形の面積」の授業

アクティブ・ラーニングを実現できるのは、「向山型」だけだ！

堀田和秀

「台形の面積」の授業は、向山洋一氏の代表的な授業の一つである。

この授業を通過した子どもたちは、次のようになったという。

> 練習問題を何問か出したが、全員が正解だった。
>
> 向山洋一全集24　三八ページ

向山氏の授業は、子どもたちに確実に学力をつけている。

なぜか？　それは、この授業が「アクティブ・ラーニング」だったからである。

以下、向山氏の授業をアクティブ・ラーニングの観点で分析する。

1 問題は、教師が「発見させる」

向山氏は、最初に次のように指示を出している。

> 「君たちは今までに四角形の面積の出し方を習いました。そして、四角形の面積を使って、三角形の面積を出す方法を考えました。今日は、台形の面積の出し方を勉強します。今まで勉強した方法を応用して、次の台形の面積を何通りかの方法で出しなさい」
>
> 前掲書　三七ページ

この発問で、台形の面積の公式を覚えていた子は、ポカンとなる。

当然だ。「公式さえ覚えていればできる」と思っていたのが、先生から「いくつかの方法で出せ」と言われた。新しい問題を提示されたのだ。

これは、まさにアクティブ・ラーニングでいう「問題を発見する」場面に他ならない。

ここで、向山氏の次の言葉に注目してもらいたい。

> 今まで勉強した方法を応用して、…

いきなり「自分で考えさせる」問題解決学習や学び合いの授業とは、思想が違う。

今までの学習を元にして考えるから、子どもたちも安心して取り組むことができる。

そのことを言葉にして伝えているところが、向山氏の絶妙な技である。

2 「板書」で問題を追求する

このあと、しばらく子どもたちの思考場面が続く。向山氏はこのあと、次の指示を出している。

> 「黒板に出て書いてください」
> 前掲書　三八ページ

黒板に書かせることで、「個での思考」から「集団での思考」へと移行していく。

他の子の考えを見て、その求め方を知りたくなる。子どもの思考が深まっていく。

できない子にとっても、黒板の考えを写すことで、自分の考えを持つことができる。

すべての子が「問題を追求する」というアクティブ・ラーニングに適った指導である。

3 自由な雰囲気が「論争」を生む

向山氏の授業では、次の五通りの解が、黒板に書かれた。

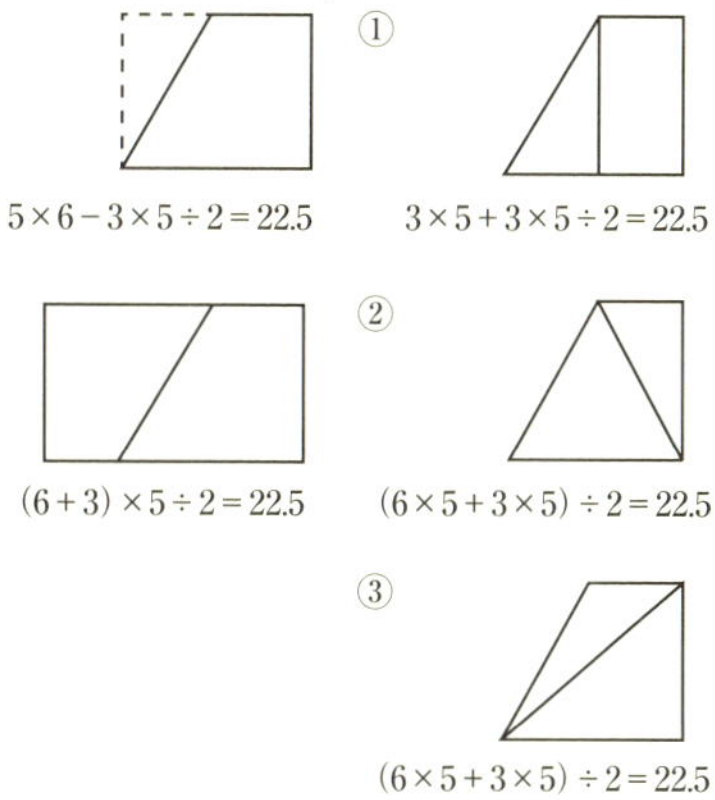

① 3×5＋3×5÷2＝22.5

② (6×5＋3×5)÷2＝22.5

③ (6×5＋3×5)÷2＝22.5

④ 5×6−3×5÷2＝22.5

⑤ (6＋3)×5÷2＝22.5

この場面で、向山氏の授業がどのように展開されたかは、書かれていない。

ただ、向山氏の他の実践から、次のように推定することができる。

> ①それぞれ、求め方を説明させる。
> ②すべての意見を認め、ほめる。
> ③質問や意見があれば、出させる。

論争するためには、クラスの子どもたちが「異なる意見を認める」必要がある。

向山氏の授業では、どの子のどんな意見でも認められ、ほめられる。

教師の姿を見て、子どもたちもまた、友達の異なる意見を認めるようになる。

この自由な雰囲気の中でこそ、質問や意見が「討論・論争」へと繋がっていく。

アクティブ・ラーニングで学力をつけたいなら、向山氏の授業展開をトレースすることだ。

問題解決学習や学び合いの授業展開では、子どもに学力はつかない。

（兵庫県洲本市・大野小学校）

法則をみつける「円を分ける」授業

様々な分け方が自然に出ることで、アクティブ・ラーニングになる！

小松和重

1 最初の一分間の指導

「円を分ける」授業は、向山洋一氏が「一分間で学習活動にひきずり込み、三分間で、シーンと熱中する状態をつくりあげた」と述べている授業である。

学習活動に引きずり込むまでの、最初の一分間の向山氏の指導を箇条書きにする。

①「こんにちは」と言いながら教室に入り、黒板にチョークで丸をかく。

②「ノートに写しなさい」と指示する。

③十秒後、「まだかけていない人は立ちなさい」と言って立たせる。

④「円をかいたらすわりなさい」と指示する。

⑤「円に一本線を入れ、円を分けなさい」と指示する。

⑥五秒後に「いくつになりましたか」と聞く。

⑦指名して答えさせる。「二つです」

⑧大げさにほめて、黒板に図をかく。

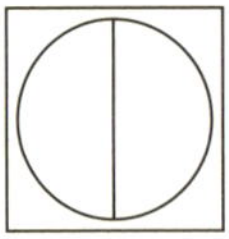

おそらく、このあたりで一分間である。簡単な指示なので、説明がゼロでも、どの子も二つに分けられる。そして、活動に引きずり込まれる。

2 三分間でシーンと熱中する

⑨「次に、円に二本線を入れなさい」と指示する。

⑩十秒後に挙手させる。ズラッと手があがる。

⑪指名する。「三つです」あがっていた手がおりる。

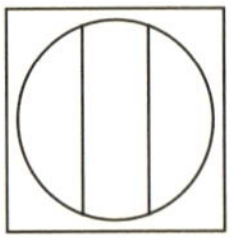

⑫「他の答え、ありませんか」と聞く。

⑬「四つに分かれました。」という子がいたら、「どう線を入れたのですか」と聞く。

⑭「十字形にしました」というようなことを言ったら、板書する。

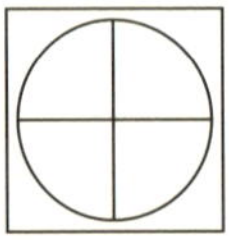

⑮「すごいなあ、えらいなあ、すばらしいな、天才だなあ、ノートを持ってらっしゃい、ダブルAをつけてあげる」と言い、ノートを持ってこさせる。

⑯「次に、三本線を入れなさい」という指示で、教室はシーンとなっている。針が落ちても、分かるほど集中している。

　このあたりでおよそ三分間であろう。本当に向山氏は説明ゼロである。信じられないスピードであろうが、それでも、子どもたちは「全員おいついてきている」のである。

3 ここからアクティブ・ラーニング

　この先は、向山氏の著書には書かれていないが、間違いなく、「いろいろな考えが出て、論争になるが、お互いに認め合う」つまり、アクティブ・ラーニングの授業になる。

　三本線を入れると、円は四つ、五つ、六つ、七つの四通りに分かれる。四つや六つは出るだろうが、五つや七つはなかなか出ない（写真参照）。

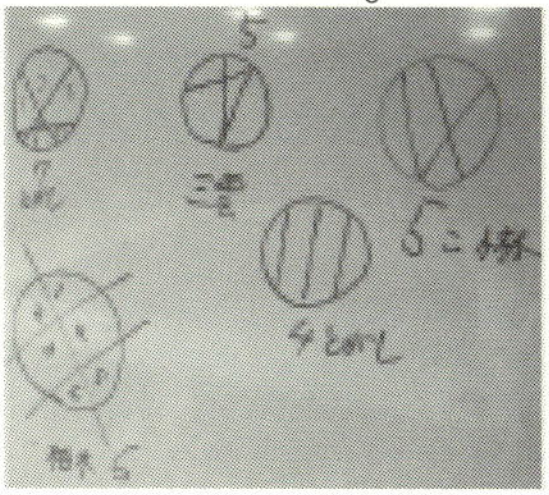

　板書された中にそれらの数があったら、おそらく、「おー」となるだろう。

　最大が七つであることを示し、七つに分けるためには、どのように線を引けばよいのか、考えさせる。または、ここでは原則に触れないで、「四本線を入れると最大いくつに分けられますか」という指示になるかもしれない。

　線の引き方の原則は次の通りである。

(1)一本目はどのように引いてもよい。（二つ）

(2)二本目は、一本目の線と交わるように引く。（四つ）

(3)三本目は、一本目、二本目の線と交わるように引く。（七つ）

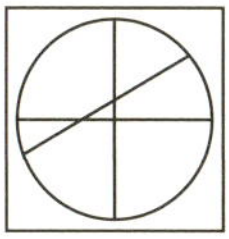

(4)この繰り返しで、四本目は、一本目、二本目、三本目の線と交わるように引く。（十一個）

　TOSSあやめの定例会で模擬授業をしたら、富樫栞氏が、この関係を二次方程式で表した。$y = 1/2x^2 + 1/2x + 1$で、xは線の数、yは分けられる最大の数である。

　今回のアクティブ・ラーニングのポイントは、次の三点である。

①異なる意見が出たら、大いにほめる。
②三本線を入れるときは、討論になる。
③最終的には、どのように線を入れると、最大に分けることができるか、気づかせる。

【引用文献】
『子どもが燃える授業には法則がある』向山洋一著（明治図書１９９８）

（千葉県成田市・前林小学校）

難問良問一問選択システムの授業

×をつけられても何度も挑戦する

五十嵐貴弘

解けそうで解けない問題を5問用意し、1問でも解ければ100点とする。それが難問良問一問選択システムである。

アクティブ・ラーニングの中できわめて重要な5つの力のうち、特に以下の3つの力を伸ばす実践である。

①問題を発見する。（主体的に課題を発見し解決に導く力）

②問題を追求する。（創造的な発想力・直感力）

③討論・論争する。（他者と共同するためのチームワーク）

小学2年生に実践した時の様子を紹介する。

1 課題を発見し解決に導く力「教師は○か×をつけるだけ。」

「難問が5問あります。1問だけ選んで、解きましょう。1個できたら100点です。2個目ができたら……100点です。ただし、間違えたら0点になります。」

子どもたちから、「えーーーー！」という声があがった。

5分ほどして、最初に持って来たのは算数がよくできるA君。しかし、間違えると、地団太を踏んだり、涙を浮かべたりする。「お、一番だね。……おしい！」と言って×をつけた。「えーーー！　なんでーー!?」と言いながらしぶしぶ席に戻った。

ここで、大切なのは、「教師は○か×をつけるだけ」ということである。説明をしない。それでもA君は黙々と挑戦を続けた。さらに5分ほどたつと、子どもたちから「意味わからーん。」とつぶやきの声が聞こえた。「わからないんだね。答え、教えましょうか。」と言うと、「いい！」「やだ！」とかたくなに拒んだ。自分たちの力で解きたいのである。2回目に見せに来たのもA君。またもや×。こういう「とりあえずやってみる」姿勢はきわめて大切である。「間違うかもしれないから何もしない」というのと「間違えるかもしれないけど、とにかくやってみる」というのは天と地ほどの差がある。間違えてもあきらめない姿勢がある子は、大きな伸びしろを持っている。「やっぱりみんなできないみたいですから、答えを教えましょうか。」と言っても「いや！　いい！」と、子どもたちは頑として受け入れなかった。

２ 自然と交流が始まる

「こういうこと？」と聞きに行くBさん。「あ、こうしたんだ〜。」とA君。友達の意見を参考しながら学ぶ姿があちこちで見え始めた。挑戦し始めて17分、ようやく一人目の１００点が出た。

「やった〜〜〜〜！」と教室に響き渡る声。その声を聞いてどよめいた。正解したのは、Ｃ君。発表が苦手で、自信のないことには、めったに挑戦しようとしない子である。それに続くように何人も見せに来た。しかし、正解は簡単には出ない。

「１００点に近い０点だ！」

「惜しい！」

「いいところついてる！」

何度間違えてもまたチャレンジしてくる子どもたち。

「１００点!!　やった〜〜！」

A君がようやく正解――の声が教室に響いた。A君は跳びあがって喜んだ。はじめは、「意味わからん」を連発していた児童も正解にたどりついた。何度も０点をもらった子たちが、あきらめずに何度も挑戦した。いつの間にか子どもたちが協力し合い、問題を解いていた。

向山洋一氏は言う。

> 私はかつて、年間で２００問程度の難問の学習を行ったことがあるが、（後略）

「もう一つの向山型算数」といわれる難問良問一問選択システム。算数の能力にとどまらず、あきらめない力、やり抜く力、などの「非認知的スキル」も鍛えられる。こうした積み重ねが、追求する子どもたちを育てるのである。

難問良問一問選択システムを実践し、子どもが熱中し、自ら課題に挑戦する授業、アクティブ・ラーニングの授業が全国に広まることを願う。

「難問」はＴＯＳＳランド、ＴＯＳＳメディアで検索することができる。ぜひ参考にしていただきたい。

ＴＯＳＳランド

http://www.tos-land.net/

ＴＯＳＳメディア

http://tossmedia.wook.jp/

（北海道根室市・厚床小学校）

（編集部補足）難問良問5問1題選択学習のねらいには、「出題された5題のうちの、どの問題なら正解できるか」を、どの子も瞬時に見極められるような能力を育てることも含まれている。このことによって、自分の力を自分でとらえる訓練をするという意図も含まれている。まさにアクティブ・ラーニングのねらいそのものである。

自由試行「じしゃく」の授業

「問題の発見」「問題の追求」から「討論・論争」へとつながる学習活動『自由試行』

川中朋子

1 自由試行とは何か

自由試行がアクティブ・ラーニングの組み立ての中で、どこに位置されるのかを考えるために、自由試行とは何かを明らかにしたい。まず、自由試行についての研究の第一人者、小林幸雄氏の定義を紹介する。

> 物を与え、たっぷりと自由な体験を積ませることを『自由試行』と呼ぶ。　※1

ここで言う「自由」の意味をさらにはっきりさせておこう。

向山洋一氏が一九八四年一月十九日の「理科研究授業奮戦記」No.4に次のように書いている。

> 「一人一人がバラバラであってよい」というのが特徴だろう。これを私は「不規則体験」と名付けてみる。これに対して、高学年の「同一方法による同一実験」などを「規則体験」と名付けてみる。　※2

つまり、実験道具は与えるが、実験方法は指定しないで、子どもたちの思いのままに次々と実験させることが自由試行である。多くの場合、個別的な作業となる。

一九八四年三月十三日に行われた向山氏の一年生「じしゃく」研究授業の指導案を見ると、全九時間のうち五時間が自由試行に充てられているとわかる。

この自由試行の時間こそ、アクティブ・ラーニングのアウトラインの第一段階「問題の発見」、第二段階「問題の追求」である。

2 自由試行での発見を研究カードにまとめさせる

全授業時間の半数以上も自由試行の時間をとった結果、子どもたちは磁石のどんな性質や働きに気づくことができたのか。三月十三日の「理科研究授業奮戦記」No.38を見てみよう。自由試行をしながら子どもたちが書いた「研究カード」は、なんと五百九枚。その内容は大別して七種、細かく見るとさらに二種あるという。

①　何につくか。また、何につかないか。
②　磁石のどの部分につくか。
③　磁石のひきつける力はどのくらいか。
④　いろいろな磁石で、さまざまな形になる。
⑤　NとN、SとSは逃げる。NとSはひきあう。
⑥　さえぎるものがあってもつく場合がある。
⑦　磁力は鉄に転移する。
⑧　Nは磁針となって北をさす。
⑨　上記から導かれる法則的現象に反する怪奇現象がある。

これらは、一年生が自ら気づいて「研究カード」に書き表した内容だ。教師が一つ一つ教えなくても、適切な場を設定すれば、子どもが見つけ出すのである。

補足すれば、④は丸型磁石やU字型磁石、棒磁石を組み合わせてどんな形ができるかを発見したもので、NとSの相互作用でもあり、⑤の前段階でもある。子どもの思考の流れを大事にする向山氏ならではの分類だ。

このカードにまとめさせる学習活動は、アクティブ・ラーニングの第三段階「討論・論争」の前段階である。

3 「討論・論争」の力につながる発表のシステム

向山氏の一年生「じしゃく」の実践は、研究カードを基に各自の発見をクラス全体で交流させる学習活動へと進む。この部分が、向山氏の研究授業として公開され、学習指導案が残されている。そこには、中学年以降での「討論・論争」につながる低学年の指導ステップが示されている。そのステップでは、まず、ペアでひとつの発表内容を選択する。そして、発見者は相手に内容を説明し、相手の方が発表者になる。

こうして育った子どもたちが三年生になって、再び「じしゃく」の授業を受ける。その実践では、「『磁石の真ん中は磁石ではなく砂鉄のかたまり』という久保さんの意見に賛成か、反対か。」ということに対して、磁石の性質に言及した原理対原理の論争が展開された。※3

※1『教え方のプロ・向山洋一全集⑧子どもが生き生き　理科「じしゃく」の授業』（明治図書　157ページ）
※2『飛翔期　向山洋一実物資料集第4巻授業編　理科研究授業1・2年』（明治図書　22ページ）
※3『教え方のプロ・向山洋一全集㉜骨太な実践を創る向山型理科授業』（明治図書　73ページ）

（岡山県総社市・総社小学校）

原理を考える「回路」の授業

確かな実感！モーレツに集中する実験のやり方

神原優一

1 電気は流れ落ちるか

「豆電球と乾電池」の単元の最初の授業で向山氏は、

「A図とB図ではどちらの電球が明るいか」

という発問をしている。

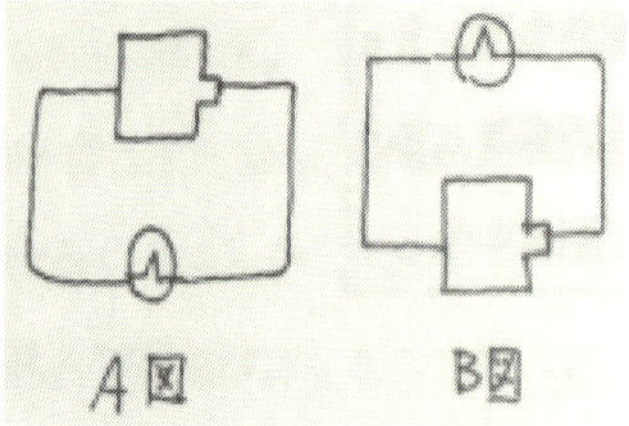

この発問で、乾電池が上か下にあるかの違いで豆電球の明るさが違うのか同じなのか、という問題を発見させている。この発問をしてみると、A図の方が明るいと答える子がかなり多くいることがわかる。電気も水のように流れ落ちると考えているからである。

発問の後、ノートに各自の予想を書かせ、理由を書かせている。理由を書かせることで、問題を追求させているのだ。また、実践記録の中に、

この頃は書けない子も多くいました。そんな時は、「直感で……」とか「何となく」とかそう思った様子を書かせました。

とある。子どもたちの電気に対する知識は、このときには今までの生活体験しかないのでなかなか書けない。しかし、知識が無いなら無いなりに意見を書かせることで、自分の理由に少しでも根拠が出るのだ。理由を書かせた後は、次のようにしている。

次に班で話し合いをさせ、意見の補足を求めました。これらの話し合いによって意見は少し整理されました。

班で話し合いをすることで、意見が整理されている。自分の意見を相手に伝え、相手の意見を自分の意見にとり入れることによって、自分の意見とは異なった意見も認め、あいまいだった意見がなくなっているのだ。班で話し合いをした後、もう一度予想を子どもたちに聞いている。もう一度聞くことで、話し合いをした後の自分の予想をクラス全体に示し、周りの予想も知ることもできている。

実践記録の子どもの作文には、

> みんな、大声を出して、早くやりたい。これは、Cに決まっているさ。とか、教室の中が、うるさかった。

とある。子どもが実験をして結果が知りたくてしょうがない状態になっているわけである。

２ 実験でクラス全体を集中させる

ここまでやった上で結果を確かめるために実験を行う。では、この実験をするのは、子どもたちがするのと、教師がするのでは、どちらが集中するだろうか。実践記録には、次のように、書かれている。

> 意見が分かれた問題を確かめる実験は教師がやって示すべきである。

自分も、やってみたが、この実験以外でも、「つく、つかない」や「Aの方が○○、Bの方が○○」などの、答えが選択肢で分けられるような問題のときには、教師が実験をする方が圧倒的に子どもたちは集中する。

向山氏は実験したときの様子を次のように書いている。

> 一人一人の子どもの目が、私の手もとを刺すように注目しています。ですから私は時々「あっ、この実験止めた」と言ってじらすのですが子どもたちは早くやってくれとせがみます。実験をする前の瞬間は「心臓が飛び出しそうになる」のだそうです。

実験をするときに、理由を書くことや班での話し合いを飛ばして、いきなり実験をして結果を出したところで、子どもたちは「ふーん」と見て終わりになってしまうだろう。自分たちの頭でしっかりと予想を立て理由を考え、話し合いをしたからこそ、知りたくてしょうがなくなるのである。子どもたちに自分から進んで考えさせるように仕組むことで、実験をより集中して見せることができるのだ。その後、実験の結果と実験の感想も、予想と結果が対応しているように書かせている。

さらに、子どもたちは、この単元で行った実験の全てを作文にしている。作文には、問題、私の考え、理由、結果、みんなのこと（周りの様子）が順番に分かりやすく書いてある。この作文を読むと、授業での実験の様子をありありと思い浮かべることもできる。

引用文献　向山洋一（１９９７）年齢別実践記録集第21巻四年理科「乾電池と豆電球」全授業記録　東京教育技術研究所

（岡山県倉敷市・北中学校）

あれども見えず「ありの絵」の授業

遊びのなかから真実を学ぶ。そのためには、たっぷりと体験をさせ、視点を限定する。

前川　淳

1 アクティブ・ラーニングとは、何か

> 教員による一方向的な講義形式の教育とは異なり、学修者の能動的な学修への参加を取り入れた教授・学習法の総称。（後略）
> 「文部科学省の用語集」

わかるようでわからない。向山洋一氏は次のように位置づけた。

> ①問題を見つける
> ②追求する
> ③討論する
> ④異なる意見を認める
> ⑤まとめる

明確である。

2 三〇年前の理科授業はアクティブ・ラーニングそのもの

１９８４年の二年生学年通信「なあに」に理科の授業の記録がある。内容は「ありの絵をかく」。向山氏の位置づけにあわせてまとめてみた。

> ①アリと遊ぶ
> ②3枚の絵のどこが違うか考える
> ③体の数と足の数をもとに論争する
> ④自前の観察箱で調査する

⑤まとめるに当てはまる内容は、絵をもう一度描いていることである。教師が言葉でまとめているわけではない。しかし、子どもたちは体験のなかで真実を学んでいる。このことは、向山氏の授業の位置づけによる。

> 昆虫の体のことは、四年生になってしっかり学びます。今は、「自分が調べたアリの足は六本で、八本ではなかった」で十分なのです。

子どもたちにつけたい力がはっきりしているからこそ、足の数に注目させることができるのである。

ねらいと方法という視点からアクティブ・ラーニングのポイントとしてまとめると次のようになる。

> ①観察してから図を描かせて具体的に考えさせること
> ②どの意見にも根拠がある。それを発表させ認めること
> ③もう一度、実際の観察によって確かめること

向山氏の実践を1シートに分析すると次のようになった。

（兵庫県姫路市・大津小学校）

理科　2年
昆虫の体

国際標準の論争力を実現

「ありの絵をかく」の授業

向山型アクティブラーニング実践ファイル No.1

ねらい→アリの足の数はいくつなのか討論できる。
方　法→観察をもとにどの意見が正しいか話し合う。

<背景の解説>
「ちょっとだけちがう」という論は大勢に支持される傾向がある。これに，「小さいのは少ない。大きいのは多い」という常識論が加味されると，クラスの意見の主流になる。A男が1人，勇気を持って小さい声で「みんな6本だ」と言った。みんなはジロリとその子を見る。そのようななかA男と同じ意見のB男が申し訳なさそうに小さくなって賛成の手をあげた。少数意見は間違いだという雰囲気がある。また，C男が言った意見にもよく観察もせず，その通りだとみんなが言う。観察をもとに考えを整理することが大切だという事例である。

Learning Strategy

①問題を発見する
②問題を追求する
③討論・論争する
④異なった意見を認める
⑤結果をまとめる

問題を発見させる

1. アリと遊ぶ

①理科の勉強で学校めぐり
②およそ30分間遊ぶ
③教室に帰ってアリの絵を上質紙におおきくかく
④できた絵は教室のまわりにはる

問題を追求させる

2.この三枚の絵はどこがちがいますか

①3人の絵を前にはる（右図）
②絵をうつさせる
③しょっ角がないのがある，キバがないのがある，
矢島さんのは体が2つになっている，足の数がちがう

討論・論争する

3.かずはいくつ（体の数と足の数）

①体の数は全員3つ
②足は意見が分かれる
A.小さいアリは6本。でも兵隊アリは8本。
B.みんな6本。
③「ちょっとだけちがう」という論は大勢に支持される傾向がある

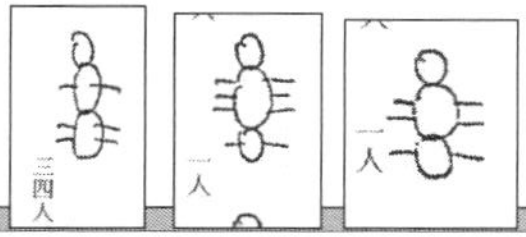

異なった意見を認める

4.自前の観察箱で調査する

①「むねから2本，足から1本だ」
②流行現象にみんなが言う
③ゆっくりと待つ
④「全部胸からよ。足も全部6本よ」という声が出てくる
⑤8本のアリはいませんでした

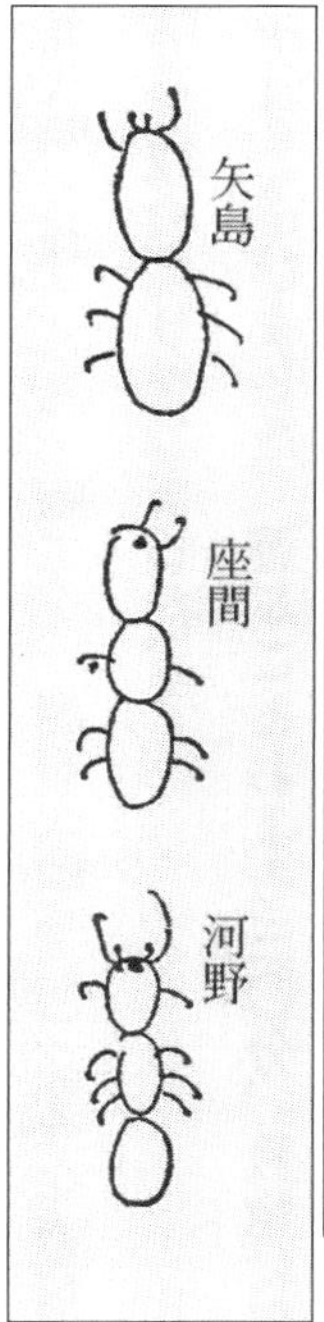

今回のアクティブラーニングのポイント

1　観察してから図を描かせて具体的に考えさせること
2　どの意見にも根拠がある。それを発表させ認めること
3　もう一度，実際の観察によって確かめること

結果をまとめる

はじめのかいた絵と
あとからかいた絵を見比べる

①遊びのなかから真実を学ぶ。
②しばしば少数の側に真理がある時がある。このことを体験させていくことが大切な学習である。
③一人一人観察箱を持って教室でも観察できる環境が大切である。
④ゆっくり待って，観察のなかから真実を発見させる。
⑤「自分で調べたアリの足は6本で，8本でなかった」ことを知る。

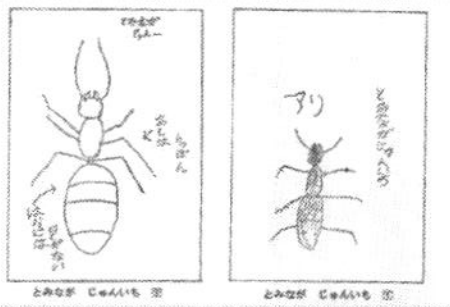

体験から思考する「かげ」の授業

「気付く」学習過程こそALの〝カナメ〟

吉原尚寛

① よく見るアクティブ・ラーニングと向山実践の違い

「活動はあるが指導がない。」
「教師の指導によって、子どもにとっての何が向上したのかがわからない。」

アクティブ・ラーニング（以下AL）を前面に主張した授業を参観した際の私の感想である。ALがもてはやされているが、本来のALとはどのようなものか。小児発達学博士の和久田学氏によれば

> ALは単に子どもたちの活動を増やすことではないし、闇雲に導入すればよいものでもない。子どもたちが一生にわたって学びの主役になれるための要素（例えば非認知能力の育成）を盛り込み、他の学習方法とバランス良く配置する必要がある。

向山洋一氏の低学年理科「かげ」の分析から考えてみる。向山氏の研究では、低学年理科の学習活動を次の流れで組み立てている。

①一斉学習（校庭でのかげ遊び）
②個別学習（発表「スイミングの帰りに…」）
③一斉学習（話し合い「この輪でかげができますか」）

② ALの授業が生まれる組み立て

向山氏の小学1年生「かげ」の授業は、学年団での共同研究である。体験により「気付く」とはどのようと一連の流れが、子どもたちの体験、情報の蓄積、実験、検証と日常生活まで波及している。それでいて、興味・関心が全く落ちない。

まさに文部科学省が提唱するALの授業そのものである。文科省が提唱しているALの定義は次のものである。

> 教員による一方向的な講義形式の教育とは異なり、学修者の能動的な学修への参加を取り入れた教授・学習法
>
> 『文部科学省用語集』より吉原抜粋

なことなのかを追求していく過程で生まれた授業である。

（以下引用）

小方学級の研究授業において、様々な事が明らかになってきた。とりわけ「気付く」という概念がはっきりしてきたことがあげられる。

「気付く」は「知る」とは異なる概念なのである。例えば「かげにはちがいがあることを知る」という目標に対しては、教師は「かげ絵」などを示して、「形がちがうね」と知らせてやれば、それですむ。子どもは、「かげの形のちがい」を「知った」わけである。

ところがこれは「気付く」ではない。「気付く」ためには、「無意識な状態の体験」が先行しなければならない。

いろいろな体験が蓄積され、それを、ある概念枠によって「切り取ったとき」に、「気付く」という学習が成立するのである。

「かげを作って遊ぼう」という活動をさせて、「どんなかげができた」と聞く時のように。（以上引用）

この授業で、向山先生の学年団は全学級で同じ授業展開で授業を検証している。

「かげふみ遊び」では、子どもたちが太陽の位置とかげができる場所を体験的に「気付く」流れとなり、「かげ作り」では、様々なものによる「かげの形」に意識を向けさせた。

そして、最後にフラフープによる体験で「どんなかげができるか？」という枠組みを入れて、体験を整理している。フラフープによって、「円」「楕円」「直線」それぞれのかげを作ることができるかを子どもたちに聞いた。その後、一斉にフラフープを持って、子どもたちは校庭に飛び出していった。

最初から向山先生にはこの授業の骨格があった。それは社会科研究者である北俊夫氏の提起があったからである。先の学習過程は、北氏が提起したものを向山氏が理科の授業として授業化したものである。

学習の過程の中で、「スイミングの時にかげが長かった」というような日常生活からの発見が生まれてくる。まさに日常生活の中に「かげを見る眼」が子どもたちに身についたのである。

「能動的な学修への参加」まさにアクティブ・ラーニングの授業である。

（千葉県銚子市・第五中学校）

作戦が進化する「どんじゃんけん」の授業

「教えない」指導のコツを学ぶ
～教師が『熱中する課題を提示する』システム

桑原和彦

1 必要最低限な手順のみ伝える

「どんじゃんけん」とは、「子供が赤白に分かれ、両端から一本の線を走ってきてじゃんけんをする。負ければ後ろに戻り、勝てばそのまま進む。相手の陣地に入れば勝ち」という、誰でもできて盛り上がる簡単なゲームである。両チームが線の上を走ってきて出会った時に、両手を合わせる際「どん」と言ってじゃんけんをする。

子供たちには次のように伝える。

白線の上を歩きます。はみ出たら、その場からやり直しをします。

途中で相手とぶつかった所で、両手を合わせて止まります。

「ドン」として、両手を合わせて、「ジャン」でじゃんけんをします。

勝った人はそのまま進みます。負けた人は、自分の陣地に戻って再度並びます。

負けた方は、次走者がスタートを切り、進みます。

最終的に相手のサークル（○）の中に足を入れて、じゃんけんに勝てば勝負ありです。

2 教えずに熱中させる組み立て

この「どんじゃんけん」の習熟過程を向山氏は見事なまでに「教えない」で熱中させていく。やることは2点、

> 一緒に遊ぶ事。
> 場を変化させていく事。

である。最初は、いかにしてじゃんけんに勝つかという事がテーマになる。

次に、できる限り速く走ること。しかし、経験すると、この2点はさ

ほど問題ではないことに気付く。

問題となるのは、

次の人がいつ走り出せばよいか？

である。前の人が負けた瞬間なのだが、判断しにくい。遠くて様子が見えないからだ。通常、ここで教師はより良い方法を教えてしまいがちだ。しかし、向山氏は違う。

これもどうするかは教えない。

すると、考える子や相談するペアが作戦を立て始めるのだ。アクティブ・ラーニングが展開される。例えば、負けた瞬間に手を挙げたり、負けたと叫んだりする。自分たちで考え出したからこそ、その後のゲームへの熱中度が増していく。

3 場を変更することで更なる熱中を生み出す

この後、線を曲線にしたり、教室の机をくっつけて行ったり、場を変化させる。変化のある繰り返しにより、子供たちは、その場に対応した作戦を見つけ出していく。向山氏は一貫して教えない。だから子供たちは熱中していく。

次に屋上でのどんじゃんけん。コンクリートの溝の線がマス目のようにある。『どの線を走ってもよい』というルールで行う。優等生な女子が、はじめは負け続ける。やがて要領を得た女子が3度勝ち続ける。ここで男子が作戦を立てる。問題を発見し、追求しはじめる。これもまさにアクティブ・ラーニングだ。

作戦①『全員で攻めろ』結果撃沈。
作戦②『全員で守れ』結果惨敗。
作戦③『お前は攻めろ』役割分担が決まったため、勝負は拮抗するようになった。

一年生なりに「論争」し、「異なった意見を認め」、「結果、作戦をまとめた」のである。これを、教師がどこかの場面で教えてしまったら、子供の成長は無かったはずだ。

【原実践】小学一年学級経営「教師であることを畏れつつ」一年生担任のおののきと驚きの実録！　向山洋一著（学芸みらい社）

（茨城県水戸市・浜田小学校）

動きを引き出す「阿波踊り」の指導

その子にしかできない動きをその子から引っ張り出す「個別評定」こそ体育のALを成立させる指導法。

辻　拓也

1 動きを引っ張り出す個別評定

向山氏は、阿波踊りの指導につい て、次のように書いている。

> 「阿波踊り」は基本の動きは同じですが、「ふり」は一人一人ちがうのです。
> （学年通信「アバウト」より引用）

「基本の動き」とは何か。

向山氏の「阿波踊りの指導」（東京教育技術研究所）の映像を観る。向山氏は映像の中で阿波踊りを4段階に分けて指導している。

1　足の動き
2　腰を落とす（ガニ股）
3　手の動き（4拍子）
4　表情

基本の動きの指導に向山氏は時間をかけない。限られた時間で、指導内容をシンプルなユニットに分解している。衝撃的なのは映像の中でこの4つを指導している時間はわずか7分程度であることだ。7分でその場にいる子どもたちが阿波踊りの流れをつかみ、踊ることができている。

その後は何をするか。

> 個別評定

である。子どもたちが体育館に4～6人横一列に並び、中央にいる向山氏に向かって踊り出す。向山氏が一人一人に点数をつけていく。一組の評定が終わるのに20秒ほどである。テンポは速い。

個別評定によって子どもの動きが変容していく。基本の動きはあっという間に上達する。さらに変容していくのは「ふり」の部分である。

「ふり」について、向山氏は次のように書いている。

> 「一人一人の個性的なふり」は教えてできるものではありません。一人一人の心の中、身の中にかくれたものを見つけさせ、引っ張り出す教育です。
> （学年通信「アバウト」より引用）

ここに示された向山氏が阿波踊り指導で行う個別評定こそ、体育においてアクティブ・ラーニングを成立させる指導法の一つである。

個別評定は、上達させるために有効な指導法である。教師は「三点」

「一点」と点数を言うだけにとどめる。余計なことは言わない。点数をつけるだけで子どもの動きは変わっていく。「個別評定」によって子どもの動きを引っ張り出す。個別評定によって、子どもたちは思考する。何が合格なのかシンプルで明確であるほど、子どもは喜び、熱中する。何度も、何度も挑戦する。

この個別評定を追試すると、教師の評定に合わせて子どもたちも評定をするようになる。そして、子ども同士で合格していない子に教え始める。そして、合格すれば自分のことのように喜ぶ。その場に一体感が生まれる。点数をつけるだけのシンプルな行為であるからこそ、子どもは熱中する。

さらに、向山氏の個別評定はそこに止まらない。子どもの動きをさらに引っ張り出していく。個別評定も後半になると、子どもたちはもう熱狂状態である。基本の動きを身につけさせるその先にある「ふり」の部分について、動きを引っ張り出していくことを通して、向山氏は一人一人の違いを認め、個性をぶつかり合わせている。

❷自由思考を促す個別評定

基本の動きを教え込むために個別評定をするならば、それは向山氏の阿波踊り指導における個別評定とは別物である。教え込む教育は知的ではない。

「知的」な体育授業の対極にある授業として、向山氏はハードル走でハードル間をすべて等間隔で授業をする「型にはめ込むように教え込む授業」を例に挙げている。「型にはめ込むように教え込む授業」にはアクティブ・ラーニングは成立しない。子どもの生き生きとした姿を奪うことになる。

向山氏の阿波踊り指導に収められている映像の中で、圧巻なのは、子どもたちが廊下で一人ずつ踊る映像である。

廊下の後ろの扉に向山氏が立っている。子どもを一人ずつ廊下に出す。向山氏の「イチ、ニ、サン、シ」に合わせ前の扉に向かって一人、また一人と、踊っていく。男女関係なく、どの子も表情豊かにのびのび、そして堂々と踊っている。一人として同じ動きの子どもはいない。「万糸乱れて」一人一人が違いを認められ、個性がぶつかり合っている。

子ども一人一人の動きを引っ張り出した指導法が個別評定である。

個別評定は体育の授業を知的にする。体育におけるアクティブ・ラーニングを成立させる有効な指導法の一つである。

（愛知県常滑市・鬼崎中学校）

追究の鬼「ゴミ」の授業

討論を目指した有田氏の授業もアクティブ・ラーニングだった

根本直樹

1 アクティブ・ラーニングの定義

向山型アクティブ・ラーニングには、次の5つのステップがある。

①　問題を発見する
②　問題を解決する
③　討論する
④　異なる意見を認める
⑤　まとめる

最大のポイントはどこか。

「異なる意見を認める」段階である。

簡単に定義するとこうなる。

討論の授業

2 有田氏の主張

『「環境問題」の教材開発と授業』(明治図書1993年2月）に次のようにある。

> わたしの授業観は、子どもに「教え、わからせ、理解させる」ことではなく、「結論は、子どもが調べ、考えて出す」ということである。　P11

有田氏も討論の授業を目指していた。

3 有田氏の「ゴミ」の授業

指導案を見てみよう。

ビニル袋に入った給食の残飯を提示して

1　いいにおいですね。
　これは何でしょう？
　・ごみです　・きたない！
　・くさい！　・残飯だ！

2　きたなくて、くさいね。
　こういうごみはどうしたらいいですか？
　・決まった日に出す
　・決められた日に出す
　・捨てる

3　この残飯をうまく処理する方法はないでしょうか？　君たちの家でもできる方法で
　・ブタのえさにする
　・牛のえさにする
　・肥料にする
　・庭に埋める

4　庭に穴を掘って埋めることが、

どうしてよいのでしょうか？
・肥料になるから
・土がよくなるから
5 紙くずはどのように始末したらよいでしょう？
・焼く　・土に埋める
・再利用する
6 残飯を土に埋め、紙くずは再利用する。
しかし、鉄くずはどうしたらよいでしょう？
・とかして再利用する
・土に埋める
7 鉄がくさるくらいだから、プラスチックもくさるだろう？
・くさる　・くさらない
・とかして再利用
・焼却
8 今日は、ごみについて勉強しました。
考えが変わったことや発見したことがありましたか？

それを発表して下さい。

今は、生分解性プラスチックや、有用微生物群などの情報があるが、1992年当時の飛び込み授業である。そこは、割り引いて考えなければならない。

大事なのは次の言葉だ。

考えが変わったことや発見したことがありましたか？

つまりは

「異なる意見を認める」

段階が存在したことになる。

次のような記述もある。

ごみの有料化、よいか、悪いかと考えさせ、討論させてみたい。

この生ごみは、何時間くらいで臭いにおいを出すようになるでしょう。

では、悪臭を出さないようにするには、どうしたらよいでしょう。

清掃工場では、臭いにおいを消すため、どんな方法をとっているでしょう。

食いつく問題の提示。
その解決。
その討論。
異なる意見を認める。
自分の考えを整理していく。
討論の授業を志向した有田氏の授業もアクティブ・ラーニングだったと言える。

（福島県喜多方市・駒形小学校）

「郵便ポスト」の授業

既知から見つかる未知を追求する展開が絶妙

雨宮　久

向山洋一氏は、アクティブ・ラーニングの過程を次のように定義する。

> 「課題を発見し」「課題解決のために思考し、問題を追求し」「意見を出して、討論・論争し」「異なった意見を互いに認め」「結果を主体的にまとめる・再考する」
> （雨宮メモ）

1　「既知」の隣にある「未知」

有田和正氏は、郵便ポストの授業展開を次のように示している。（『学級づくりと社会科授業の改造』低学年　有田和正　明治図書より）

①ポストの構造は、どのようになっているか具体的に表現しながら問題をつかむ…1
②本物のポストを見て、グループでポスト作りをする…4
③できたポストを使って「郵便ごっこ」をする…2
④郵便局の見学をする…2
⑤ポストから集められた手紙は、どのようにして相手に届くか調べて、紙芝居や絵巻物にまとめる…2

氏の授業の特徴は、「既知」だと思っていたものを「未知」の状態にするところにある。

ここにアクティブ・ラーニングの「課題を発見する」段階がある。

この段階をどのような発問・指示で行っているのだろうか。

> 「ポストというの知ってる？」と言うと、「ばかにしないでよ」と言う。「それは失礼しました。では、ポストについて知ってることを、この紙に書きなさい」と言って、画用紙を配布した。

子供が「知っている」と思い込んでいること、「既知」にメスを当てている。子供にとって当たり前のことについて「じゃあ、実際にはどうなのだ」というゆさぶりをかけるのだ。

> 書き始めたとたん「あ！　わからんなあ」という声が出たりして、今までの自信満々がゆれ出す。次第に分かっていないことに気づいていく。

子供達は、実際にポストを見に行くことで課題を解決しようとする。「思考し問題を追求する」アクティブ・ラーニングの段階である。「既知」だと思ったものが「未知」であり、そこから能動的に追求する姿を見ることができる。

2 具体的活動で討論・論争

次に有田氏は、一枚のケント紙を鉄に見立ててポストを作る活動をさせる。

子供達は、すでに本物のポストを見て調べてきているのにもかかわらず、分からない部分が出てくるので思考とともに自分の考えを表出させる。

例えば「投函口のどちらが東京都でどちらが他府県か」「東京都、他府県の文字は投函口の上についているのか下についているのか」「〒のマークは、一つか二つか三つか」「〒の大きさはどのくらいか」である。

自分の「意見を出す」場面である。場合によっては「討論・論争する」場面に発展する。

有田氏は言う。

> 観察が深まることによって、表現がより豊かになり、学習が一段と深化するのである。

観察するだけではなく、実際にやってみたり、真似をしたり、作ったり、絵に描くことで、新たな課題を見つけるようになる。そして新しい課題に対しての新たな追求をするように仕向けているのだ。

3 各自の追求のまとめと再考

本物そっくりのポストを作るために子供達はそれぞれの条件を考え始める。例えば「赤く作る」「ハガキを取り出すドアをつける」「鍵をつける」などである。

子供によっては、ポストの数、ポストの歴史、外国のポストまでも調べている。個々の意見の表出である。

アクティブ・ラーニングの「異なった意見をそれぞれ認める」段階だ。

後半「郵便ごっこ」の活動がある。すると、人の動きがクローズアップされるという。自分の追求の結果に対して主体的にかかわり、考えることができる。

最後に「紙芝居作り」をする。すると、今までの追求や活動から自らの考えを「再考」させる必要が出てくる。

ここが「結果を主体的にまとめる・再考する」段階となっている。

（山梨市・岩手小学校）

「バスの運転手」の授業

名人芸+追究の鬼で低学年でも論争が成立する

桜木泰自

1 三十年前の二年生社会科授業

一九八六年六月十九日と二十日に行われた授業を分析する。筑波大学附属小学校の二年生に有田和正氏が授業をしたものである。

引用、参考文献は次の通り。

有田和正『社会科「バスの運転手」』（一九八八年、明治図書）。「写真で授業を読む」のシリーズ本である。

2 向山氏が評した「プロの発問」

この授業で有田氏は、「運転手は、運転しているとき、どこを見て運転しているでしょう。」と発問をしている。

この発問で本実践は有名になった。前掲書において、有田氏は次のように、向山氏の言葉を紹介している。

「向山洋一氏によれば、6（桜木注＝この発問）のような発問をするのはプロだという。教師になりたての人（アマ）は、『バスの運転手さんは、どんな仕事をしているでしょうか』と問う。セミプロになると、『バスの運転手さんは、どんなことに気をつけながら運転しているでしょうか』と問うという」

向山氏自身の文章では、「教室ツーウェイ」一九八七年十月号の巻頭論文にこの話題がある。なお、これは、「TOSSメディア」（会員制電子書籍）で読むことができる。

3 本実践の主な発問と活動

有田氏の本実践第一時の展開概要を、次のようにまとめてみた。上段が主な発問、下段をアクティブ・ラーニング（以下AL）を意識した子どもの活動である。なお、本実践は全七時間扱いである。

主な発問	子どもの活動
1　バスにはタイヤが何個ついていますか？ 2　吊革が何個？ 3　座席の数は？ 4　ブザーの数は？ 5　窓ガラスの数は？	挙手、指名発言。子ども同士、対教師での「反論的発言」もある。追求意欲が高まる。国語辞典を開く子もいる。
6　運転手は、運転しているとき、どこを見て運転しているでしょう？ 7　運転手は、運転しているとき、何	教師の提案から、「バスの運転ごっこ」のための運転手を決める。運転手になった子が前に

を考えているでしょう？ 8　交差点の真中で、黄色になったらどうしますか？ 9　子どもが飛び出しました。どうしますか？ 10　バスの運転と電車の運転はどちらが難しいでしょう？	出て、運転する真似をしながら、教師の発問を皆で考えていく。個々の経験に基づいた具体的な発言が増えていく。二つに割れる。

4 子どもが熱中していく要因

「授業の名人」と言われ、全国から参加者が集う有田学級の子どもである。当然と言えば当然だ。が、本時において、いかなる手法が良かったのか、それを抽出してみる。大まかに五つ挙げる。

第一に、導入で「知っていそうで知らないこと」を「数」というブレの無い問いから入っている。これにより発言を促している。

第二に、「バスの運転ごっこ」をしながら、メイン発問に入っている。低学年社会科（当時はあった）の王道である。そのタイミングと「ごっこ」の簡潔さが秀逸である。

第三に、有田氏の巧妙な話術、表情、動作、板書……名人芸である。私は有田氏の別の授業を拝見したことがあるが、言葉では表現できない、文字通り名人芸である。

第四に、モノの用意である。信号機、ハンドル、バックミラーに見立てたものを用意して、活用している。

第五に、一貫して子ども達を「ゆさぶり」続ける教師の姿である。「追究の鬼」と言われる有田学級の子は、氏の「ゆさぶり」にエネルギー源がある。

このようにして、第一時において、ALの「問題を発見する」段階が、全員のものになっている。

5 授業と授業の合間がアクティブ

本実践は、次時（第二時）も公開され、前掲書に記録が載っている。前時の終末にした「バスの運転と電車の運転はどちらが難しいでしょう？」をテーマに子ども達が論争していく。全てを子ども任せではなく、有田氏の発問によるゆさぶりから入って、いつの間にか論争になっている。ここは、まさにALの「討論・論争をする」段階である。

では、その前の「問題を追究する」の段階はどこにあるのか？　それは授業の冒頭であり、また授業と授業の間、「放課後の調べ活動」にある。その追究力こそ、有田実践の真髄である。子どもが一日で調べてきたノートの内容は、圧巻である。

（東京都墨田区・錦糸小学校）

「うとてとこ」の授業
変化のある繰り返しによる課題発見と討論のための技能

田代勝巳

1 「うとてとこ」

野口芳宏氏の「うとてとこ」の授業は、1985年、千葉県木更津市西清小学校で行われている。その時の映像が『野口芳宏著作集　鍛える国語教室別巻2』（明治図書）にある。

この授業をアクティブ・ラーニングの視点から分析する。なお、アクティブ・ラーニングを、次の要素に分けて考えることにする。①課題の発見　②課題の追究　③討論　④異なる意見を認める　⑤まとめる

2 課題の発見・課題の追究

野口氏の授業は、「う」と板書することから始まっている。そして読ませる。当然、全員の子が読める。ほめて安心させておいて、「うとてとこ」と板書する。

「うとてとこ」と読ませた後に、「何のことだ」と聞く。子どもたちは誰も分からない。分からないことをほめて、「20分くらいたつと分かる」と話している。実際に授業の後半に子どもたちは「うとてとこ」の意味に気付いていく。

一行板書し読ませ、意味を問う。意味が分かったと思ったら、次の一行でまた分からなくなる。既知と未知が交互に繰り返されていく。

子どもたちは、いつの間にか、「意味は何か」を考えることを通して、①「課題の発見」と②「課題の追究」を繰り返している。第一連以降も変化のある繰り返しで授業は進むため、子どもたちはずっと課題を発見し、その課題を追究することになる。

3 討論のための技能

第一連の板書が終わった後で、前半と後半の読み方を考えさせている。

「同じ読み方でいいのか、ちがえて読んだ方がいいのか」と子どもに問うている。同様に第一連と第二連の読み方のちがいや、第二連の後にこの詩は続くのかどうかを問うている。

これは、討論ではない。そもそも、この授業は討論を意図した授業にはなっていない。なっていないが、立場をはっきりさせ、○か×かをノートに書かせ、挙手で確かめ、その理由を聞いている。これらのことによって、討論のための基本的な技能を身につけさせているのである。

自分の立場を明らかにする。その立場を周囲に流されることなく表明する。

そして、理由を発表する。これらは全て討論をする時に必要な技能である。

野口氏が、他にも指導していることがある。例えば、読み方の指導である。はっきりとした声で読む。一人の時は大きな声で全体に聞こえるように読むことを指導している。全体に声が届くかどうかは、討論においても大切なことだ。

次にちがってもいいから意見を言おうとしている子をほめている。とにかくやろうという意志に対してほめているのである。大勢の前で意見を言うのは勇気がいるものである。そこを乗り越えて発表する。これも討論のためには欠かせないことだ。

さらに、意見の聞き方も指導している。ある子どもの意見を取り上げ、その子の意見に賛成か反対かをノートに書かせている。ぼうっとしていてはいけない。他の子どもの意見を自分と比較して聞かなくてはいけないことを指導しているのである。異同を考えながら他者の意見を聞くこと、これもまた討論において必須事項である。

このように、本授業において討論そのものは組み込まれていないが、討論のための大切な技能の指導が繰り返し行われているのである。

4 異なる意見を認める

第一連、第二連と授業は進み、第三連へと進む。第三連の四行目を予測して、ノートに書かせて発表する。この場面は多くの考えが出される場面である。

「ことことことこと」に合致するような表現であり、五音であれば、ちがった意見も全て認められることになる。それは解釈であり、解釈には幅があるからである。したがって唯一の正解を求めているわけではない。現実の世界と同じく、たった一つの正解があるわけではない。いくつもの考えがあり、そこから自分で選べばいいのである。

5 まとめる

討論と同様に、まとめることもこの授業では行っていない。やはり、それは「まとめる」ことを意図した授業ではないからである。一時間という限られた時間でもあり、そのような展開にはなってない。

しかし、「うとてとこ」の授業は、子どもをあっという間に惹きつけ、子どもが「どういう意味か？」から始まって「なぜか？」という課題を追究していっている。課題は教師が与えているのだが、変化のある繰り返しによって、子ども自身が課題を発見するように組み立てられている。また、先述したように討論のために技能も繰り返し指導されているのである。

アクティブ・ラーニングの要素が随所にちりばめられた授業である。

（新潟県長岡市・豊田小学校）

【野口芳宏氏コメント：「まとめる」ことは大切だ。「まとまらない」のはよくない。活動あって指導なし、は私が最も忌むところである。】

「生きる」（谷川俊太郎）の授業

「何を教えるか」「どのように教えるか」ALを支える二つの技術が凝縮されている授業

赤木雅美

1 野口実践におけるアクティブ・ラーニングの要素

野口芳宏氏の「生きる」（谷川俊太郎）の授業を私は実際には受けたことも映像などで見たこともない。

手元にあるのは、野口氏が各地の講演などで行った「生きる」の授業実践記録（テープ起こし）のみである。ライブで受講したこともない私がどこまで追求できるか不安ではあるが、野口実践に見るアクティブ・ラーニングの要素を以下に抽出してみる。

今回は二〇一一年一一月二十九日に行われた宮崎大学講義室に於ける野口芳宏先生の模擬授業「生きる」（谷川俊太郎）のテープ起こしを元に分析してみる。

2 学力を見える化する

野口氏は、自身で「これからの国語教育は、学力を見える形にする。そこで教わった技術は、日常生活に生きて使えなくちゃいけない。見える学力、使える技術、これが私のキャッチフレーズです」と語っている。そして、授業の中でたくさんの学習用語を教え、黄色で板書している。次のような用語である。

音読・黙読・対義語・現代詩・詩人・連・脚韻・二分法・反復・冒頭二行・表現意図・表現効果・強調・省略表現・公的音読・私的音読・文脈力

子どもたちが授業中、これらの既習用語を使いこなせるようになることを目指している。だから、既習用語を使わずに発言した際は、言い直しをさせている。野口氏の提唱する「学力の見える化」は、何をもって「国語の学力がついた」と判断するのか、把握しやすい方法である。

3 どのように学ぶか①話し合い

授業の中で何度か、子どもたちに相談させる場面があった。教師と子どもたちとの一問一答の授業形態から、子ども同士の関わりを重視した授業形態へと変化していくのである。

野口氏は「それぞれの連をもし二つに分けるとしたら、どこで分けますか」と問い、その根拠を考えるように指示した。その後「お隣同士で〝ここで分かれるよ〟というのを話し合いましょう」と指示している。まさにアクティブ・ラーニングである。

友だちと意見交換をすることで、その後の列指名での発表の際、どの子も自分の意見が言いやすい環境が整う。

4 どのように学ぶか② 適否を問う

二つに分けた根拠を発表させた際、すかさず次のように問いかけている。

> 冒頭二行がそれぞれの連の問いかけになっていると○○さんは言うんです。○○さんのを聞いて、「なるほどなあ、そうだ、いいわ」と思う人は○、「○○さんのは違うんじゃないの」と思う人は×を書いてください。

特別な発言に対して、適否を問うているのである。こうした発問を適宜入れていくことで、友だちの発言をいい加減に聞かない風土を培うことができる。子ども同士、常に評価し合いながら学ぶようになるのである。野口氏は、他の場面でも同様のことを問うている。

> (今の意見)「いいんじゃないかなあ」と思う人は○、「ちょっと違うんじゃないの」と思う人は×、評価はいかに！

その後「自分の意見の方がいいという人？」と煽り、子どもたちの中に意図的な対立関係を仕組んでいる。

5 どのように学ぶか③ 一字にこだわる

四連は全部「が」、五連は全部「は」と使い分けていることについて、その表現意図を問うている。これは、偶然ではなく必然である。四連は「が」でなくてはならないし、五連は「は」でなくてはならないのだ。その表現の必然性に迫っているのである。

ここでは、意見を様々言わせた後で、「教師の解」を示している。それが正解という意味ではなく、「我々だってよく分かんない」とした上で示しているのだ。

正しい答えを見つけさせたいのではない。言葉を根拠に、理解したり分析したりすること、自分の考えを述べることを目指しているのだ。

6 野口実践からの学び

野口氏は常に、教師が目指す理想の状態を具体的に掴んでいる。だからこそ、子どもたちをぐんぐん理想の状態に向かわせることができるのだ。

「生きる」の授業実践にはそんな野口氏の理想像が凝縮されている。極めて完成度の高い授業である。

(岡山県・公立小学校)

【野口芳宏氏コメント：国語科は正解がないのがいい、という考えには反対だ。正解が明快になった時に学力が形成されるからである。】

下村前文科大臣のプレゼンからALの源流を探る

日本の教育の質的転換をはかり、ALで社会の変化に対応できる「真の学力」を身に付させる

西村純一

二〇一五年六月七日、岡山で山田方谷まつり特別フォーラムが開催された。

下村前文科大臣が「教育再生。日本創生。」のテーマでプレゼンした。その内容を基にアクティブ・ラーニングの源流を探る。

1 日本の危機的状況

日本の一人当たりのGDPは、世界第二位（一九九三年）から十位（二〇一二年）に、そして最近の調査では十七位になった。

日本は、先進国の中では普通の国になる可能性がある。

人口の推移と将来人口も問題である。生産年齢人口（十五～六十四歳の人口）は、少子高齢化の中で減ってきた。

二〇一〇年に八七一三万人だった生産年齢人口は、二〇六〇年には四四一八万人に減る見込みである。約半数まで減少する。下村前文科大臣は次のように述べた。

このままいけば、日本は50年後、お先真っ暗のような状態である。

下村前文科大臣のプレゼンを聞き強い危機感をもった。

2 だからこそ教育が必要

下村前文科大臣は日本の三つの課題を提示した。

①少子化の克服
②格差の改善
③経済成長・雇用の確保

そして、次のように述べた。

三つを解決し「一人一人の豊かな人生」と「成長し続け、安心できる社会」を実現できるのが教育である。日本が元気になるためには一人一人の労働生産性をあげる必要がある。

教育の質を向上させ一人一人がもつ可能性を最大限伸ばしていく。

教育による日本創生が問われる。

3 過去の教育の延長線上ではダメ

これまでの「工業化社会」を支えてきた力は、上司の言うことを素直に聞く力だった。

しかし、約二十年前から「情報化社会」に変わった。新しい知や価値の創造が求められる社会になった。

工業化社会で必要とされた指示待ち社員は、情報化社会では必要とされなくなり、リストラされていく。

下村前文科大臣は次のように述べ

た。

今までの時代の延長線上に日本の未来はない。

では、これからの社会はどうなっていくのか。

アメリカのデューク大学のキャシー・デビットソンは「二〇二七年、アメリカ人の六五％は今までになかった新たな職業に就職する」と述べている。

また、イギリスのオックスフォード大学のマイケル・A・オズボーンは「今後十～二十年程度で、アメリカの総雇用者の約四七％の仕事が自動化される」と予測している。

今の学校教育は、今の社会があることが前提として行われている。

しかし、研究結果から分かるようにこれから先、今の社会があるかどうかは分からない。

社会の変化に柔軟に対応できる人材の育成が求められている。

学校教育の変革が必要である。

教育再生実行会議の第四次提言では、大学選抜の在り方の提言がされた。

従来のマークシート方式の大学入試が抜本的に変わっていく。

大学入試だけ変えてもいけない。

大学教育、出口の部分も変わっていく。高校以下の教育も変わっていく。

下村前文科大臣は、こう述べる。

日本の教育制度を今から変えていかなければ、一五年二〇年後の社会の変化に対応する人材を育てることはできないということの危機感の制度改正です。

4　これからの時代に必要な力

「ゆとり」か「詰め込み」かという議論があった。

これらは、どちらも知識量に重きを置いた考え方である。下村前文科大臣は、

質的な転換が必要だ。

と述べ、次の五つを必要な「真の学ぶ力」として挙げた。

○主体的に課題を発見し、解決に導く力
○創造的な発想力、直観力
○他者と協働するためのリーダーシップやチームワーク
○コミュニケーション能力、豊かな感性や優しさ、思いやり
○多様性を尊重する態度

十年先、二十年先に今の仕事がなくなったとき、新たな仕事に挑戦できる能力もこれらに含まれる。

5　アクティブ・ラーニングへの転換

新しい価値を創造する教育が必要である。ここで提言されたのが「アクティブ・ラーニング」である。従来の教育は、「受け身型・暗記重視」で一人の教員が「一斉・一方向」の授業をしていた。

今こそ「真の学ぶ力」を身に付けさせるため、アクティブ・ラーニングへ転換していく必要がある。

（岡山県倉敷市・児島小学校）

大学入試改革でALはどう入ってくる？

どうなる？　AL的大学入学者選抜

向山行雄

1 高校と大学の接続

　幼保小連携、小中一貫教育、中高一貫校など「学校間の接続」は近年の学校制度の中で大きな課題である。私は、かつて中教審でそれぞれの部会に属してさまざまな議論をしてきた。「学校間」の壁があるにせよ、関係者の努力で一定の改善を図りながら今日の施策が進められている。

　その一方で、高校と大学の接続（高大接続）については現在においてもなお大きな課題として残っている。

　平成27年9月15日の「高大接続システム改革会議」の中間まとめでは、「高等学校教育改革」「大学入学者選抜改革」「大学教育改革」を一体的に行うとしている。

　この中で、大学入学者選抜改革では、各大学のアドミッションポリシー（入学者受け入れ方針）に基づき、「学力の3要素」を多面的・総合的に評価するものへと転換するとしている。

　ここで言う「学力の3要素」とは、次の3点である。

①十分な知識・技能
②それらを基盤にして答えが一つに定まらない問題に自ら解を見出していく思考力・判断力・表現力等の能力
③これらの基になる主体性をもって多様な人々と協働して学ぶ態度

2 大学入学者選抜の改革

　そこで、課題になるのが「学力の3要素」としてどのようなレベルまで求めるのかという点である。これまでのように①の「十分な知識や技能」なら到達目標を示すのはたやすい。しかし、③の「多様な人々と協働して学ぶ態度」をどのレベルまで求めるか、さまざまな考え方が表出するであろう。

　また、よしんばレベルが設定できたとして、それをどのように評価し判断するのか。これは難しい仕事である。

　文科省の「大学改革実行プラン（平成24年6月）」によれば、入学者選抜の基本的なスタンスは、「教科の知識を中心としたペーパーテスト偏重による一発試験的入試」から

「志願者の意欲・能力・適正等の多面的・総合的な評価に基づく入試へ」である。同資料では、具体的に次の改善を行うとしている。

①1点刻みではないレベル型の成績提供方式の導入によるセンター試験の資格試験的活用の促進

②思考力・判断力・知識の活用力等（クリティカルシンキング等）を問う新たな共通テストの開発

③大学グループ別の入学者共同選抜の導入促進

④志願者と大学が相互理解を深めるための、時間をかけた創意工夫ある入試の促進

いずれの項目も「言うは易く行うは難し」である。私の勤務するマンモス私立大学では、年間の入試にかかわる業務は相当なものになる。それは事務スタッフも教員も同様である。ちなみに、平成27年度の入試関連業務日（土曜日か日曜日）は10日間である。「時間をかけた創意工夫ある入試」に、今後どの程度、大学関係者が入試関連の業務を増やせるのか、現時点では予測がつかない。

3　大学入試へのAL導入

さて、このような状況の中で、「大学入試改革の中でのAL導入はどうなるか」というテーマである。

平成27年9月15日の「システム改革会議」では、次のような「大学入学希望者学力評価テスト」を想定している。

○多肢選択問題に加え、問題に取り組むプロセスにも解答者の判断を要する部分が含まれる問題、記述式問題などを導入

ただし、作問体制や採点体制の整備・充実の検討が必要。コストやスケジュールの課題、コンピュータ採点支援の技術的可能性の検討

○多様な資料や動画を用いるなどさまざまな出題が可能となるCBTの導入、システムの安定性やセキュリティの確保、コストなどの検討

今後の義務制の学校教育でALが実施されていく。高校でも一定程度は進んでいくだろう。その学修の成果を入学者選抜に反映させなければ、初等中等教育の授業改革は絵に描いた餅になりかねない。だから、大学入学者選抜の方法を改革する。これは国民的理解も得やすい。

しかし、大量の志願者に対して、公明で信頼性のある基準で、しかも速く確実に低コストで選抜するのは極めて難しい作業である。

ALにともなう大学入学者選抜の円滑な実施は、我が国のこれからの学校教育の行く末を左右する大きな命題であるという認識が必要である。

（帝京大学教職大学院教授
元・全国連合小学校長会会長）

ALで目指すべき本質は何か

改訂の源流を理解するにはここを読め！

堀田龍也

1 ALが登場した源流の確認

アクティブ・ラーニングとは何かという議論だけでなく、アクティブ・ラーニングが今なぜ注目されるようになったのかという政策的背景を読解することが重要である。

次期学習指導要領は現在、中央教育審議会で各方面の専門家によって丁寧に審議されている。

中教審で次期学習指導要領について検討することとなったのは、平成26年11月20日に当時の下村博文・文部科学大臣が、中教審に対して「初等中等教育における教育課程の基準等の在り方について検討してほしい」という諮問を出したことによる。

中教審は、文部科学大臣から受け取った諮問の内容に正対して議論しており、いずれ答申という形で文部科学大臣に返信することになる。

したがって、諮問にアクティブ・ラーニングがどう記されているかという点と、それを受けて検討した答申にどう記されるかという点が重要になるが、現段階ではまだ答申は完成していないので、中間報告として中教審の教育課程企画特別部会が作成し平成27年8月20日に公表した「論点整理」にどう記されているかを確認するのが妥当である。

2 中教審諮問に見るAL

諮問には、国際的な学力の動向を踏まえた上で、

・「何を教えるか」という知識の質や量の改善はもちろん（必要）

・「どのように学ぶか」という、学びの質や深まりを重視することが必要

であるとし、そのために、

・課題の発見と解決に向けて主体的・協働的に学ぶ学習（これがアクティブ・ラーニング）が必要

としている。

つまり、諮問においては、①学ぶ内容を整理し直すだけでなく、②学ぶ方法にも介入する必要があるというビジョンを示しているのである。

従来、学習指導要領の改訂作業というのは①にあたる業務であった。②については学習指導要領にはほとんど表記はなく、教育課程の編成レ

ベルでは各学校に、授業そのもののレベルでは各教師に委ねられていた。

そのことは、学校の独自性や授業の多様性を保障してきた一方で、学校や教師によっては学びの質が高まっていないという状況が生じ、国際的に通用しない近視眼的な学力だけが身に付いてしまっているという課題を生じさせていた。

その結果は、学力調査でいえばB問題に歯が立たなかったり、PISA調査や情報活用能力調査のように社会的で情報を整理して問題を解決するやや複雑な問題に対応できなかったりする子供たちが多く存在することにも表れている。

3 中教審論点整理に見るAL

論点整理は、それまでに中教審が検討してきた内容を論点ごとに整理した文書である。アクティブ・ラーニングについては、「次期改訂が目指す育成すべき資質・能力を育むため」に検討していると書かれ、「学びの量とともに質や深まりが重要」であるから「どのように学ぶか」についても光を当てる必要があると認識していることが再表明されている。

諮問から論点整理までの進捗を見るとき、アクティブ・ラーニングによって引き起こされる学びのイメージとして3つあげられているという点だろう。以下、筆者の言葉で整理し直して解説する。

Ａ：習得・活用・探究という学習プロセスの中に「深い学び」があるかどうか。知識や技能を習得し、それを実際に活用するプロセスの中で、教師が教える場面と、子供たちに思考・判断・表現させる場面を「効果的に設計し、関連させながら指導」することの重要性が示されている。

Ｂ：他者との協働、外界との相互作用を行う「対話的な学び」があるかどうか。言語活動の充実により、知識や技能を定着させるとともに、多面的で深い理解に至るようにさせることの重要性が示されている。

Ｃ：子供たちが見通しを持ち、自らの学習活動を振り返り、次につなげるような「主体的な学び」があるかどうか。学ぶ価値のある課題、体験的な学習、それをメタ認知させることの重要性が示されている。

つまり、論点整理においては、表面的な学びを確実で深い学びにさせること、それを対話や協働によって促すこと、そもそもの学ぶことの意義や学び方を備えた子供たちにすることを期待しているのである。

これらは、断片的にはこれまでの教育活動に多く存在したことだろう。それを系統的かつ連続的に引き起こしていくのが今後の教師の役割となるのである。

（東北大学大学院情報科学研究科教授）

ALでは教室の集団秩序が保てる？

統率力のある指導者のもとで集団形成は進む

長谷川博之

まず、私の採るアクティブ・ラーニングの定義はこれである。

> 一方的な知識伝達型講義を聴くという（受動的）学習を乗り越える意味での、あらゆる能動的な学習のこと。能動的な学習には、書く、話す、発表するなどの活動への関与と、そこで生じる認知プロセスの外化を伴う。

（溝上慎一『アクティブラーニングと教授学習パラダイムの転換』東信堂　２０１４）

キーワードは「能動的」である。

生徒を能動的に学習させうる力量が指導者にあるか否か。

私の問題意識はここにある。

1　指導法だけでは秩序は保てない

アクティブ・ラーニング型の授業で教室の集団秩序を保てるか。

集団秩序が崩壊している現場を何度も経験している身として結論から言えば、保てるとも言えるし、効果は薄いとも言える。

集団秩序を保てるか否かはアクティブ・ラーニングという指導の型の問題ではなく、その型を駆使する指導者の力量の問題だからである。

> 集団の秩序を保つには、指導者に統率力が必要となる。

大橋武夫氏の説を借りれば、統率とは「統御」と「指揮」からなる。

統御とは、指揮されようとする気持ちを起こさせる働きである。

指揮とは、目的を達成するために集団の力を凝集し、発揮させる働きである。

教育行政も現場も、指揮の研究に忙しい。アクティブ・ラーニングも指揮の型のひとつだと、一般的には受け止められている。

しかし、そこに統御の働きがなければ、集団を統率することはできず、秩序を保つことも不可能である。

一方で集団の精神面を統御できる指導者がアクティブ・ラーニングを使いこなせば、集団秩序を保つことも難しくないだろう。

2　文科省ポスターに見る理念

現行の学習指導要領にはアクティブ・ラーニングという言葉はない。

だが、「言語活動の充実」も「思考力・判断力・表現力の育成」も、強引な説明に偏った一方通行の授業に対置される概念であり、中身を見るとまさにアクティブ・ラーニングそのものである。

　文科省が作成したポスターを見れば、それが如実にわかる。

「思考力、判断力、表現力等を育むために　例えばこんな言語活動で授業改善」という三枚組のポスターである。

　一枚目は「考えを深める場面で」とあり、「一斉授業だけでなく」「ペアで意見を交換する」「付箋を使って話し合う」「ホワイトボードを使って話し合う」と記されている。

　二枚目は「書く場面で」。「板書をノートに写すだけでなく」「レポートにまとめる」「新聞にまとめる」「ICTを活用する」とある。

　三枚目は「発表の場面で」とあり、「先生が説明するだけでなく」「生徒が説明する」「製作物を使って発表する（ポスターセッション）」「立場を決めて討論する」とある。

　要点は次だ。

> 一斉授業だけでは駄目だ。
> 板書を写すだけでは駄目だ。
> 教師が説明するだけでは駄目だ。

どれも今までの伝統型一斉授業に改善を迫るものであり、例示された活動はアクティブ・ラーニングという大枠で括れる。

　私はこれらの理念に賛成である。「向山型」と冠される指導法はこれらの理念を具体的に実現している。よって、「向山型」に学び実践する私の授業も、このようになっている。

3　秩序なき現場で必要な力

　では、国の方針が出され、事実上実施が義務付けられ、全国各地で実践された結果として、学級集団が崩れたり荒れたりせず、秩序ある状態となっているかと言えば、そのような報告は少ないだろう。

　もちろん、話し合いや討論、製作物の作成等の協同作業が多くなるから、一斉授業形態に比べれば生徒間のコミュニケーションは増える。

　では、コミュニケーションが増えれば集団秩序は保たれるのか。

　事はそれほど単純ではない。

　集団が「この指導者についていこう」と思わなければ、どんな指導法を取り入れても効果は薄い。秩序の無い生徒集団とは、そういうものなのである。

　求められているのは統率力である。

（埼玉県秩父市・尾田蒔中学校）

ＡＬの先進実践「高校と大学」の実態は？

高校の授業改善で取り組むＡＬ

佐藤泰弘

少子高齢化を迎える日本の中で、高校生の人口は少しずつ減っている。横浜市でも他の都市と同様に、各学校に「特色」を掲げている。例えば、「芸術科目に特化」した学校。「中高一貫校」「進学指導重点校」。「特色」を掲げることが決まったら以下の3項目をすることになる。

① 先進校の視察

「特色」は研究校などによる実践例がある。先行実践があり、何らかの効果があると認められるから他の学校が追随する。進学情報誌やインターネットの情報をもとに「特色」先進校を探す。ヒットした学校の研究内容が自分たちの学校の「特色」と合致しているかどうかを確かめる。その上で、所在地や連絡先を確認し、連絡をとり「視察したい」旨を伝える。日程、人員を調整し、授業の様子や施設見学をする。管理職や担当者から先進校ならではの話を伺う。提供していただいた資料や視察での様子をレポートにまとめ、学校で情報を共有する。

② システムの検討、導入

複数の先進校を視察すると、「特色」が導入可能かどうかの見当がつく。施設、生徒数、教員数の都合で実施ができない場合もある。導入可能な場合には、実施可能な項目を数多く挙げる。項目は例えば「7時間授業の実施」「学業と部活動の両立のための時間配分」「外部模擬試験の導入」となる。各項目の検討母体を決める。「7時間授業の実施」ならば教務部、「外部模擬試験の導入」ならば学習指導部となる。特別委員会を立ち上げ、その委員会が一手に担う場合もある。「いつ」「どの母体が」「何をするのか」が検討、提案、審議される。

③ 授業改善

「特色」は外部へのアピール。同時に、授業自体の見直しが必要となる。「特色」を実行していく時間が「授業」だからだ。

授業の見直しは概ね以下の(ア)(イ)(ウ)

から成り立つ。

(ア)外部講師（予備校講師や大学教授）を招いての研修
(イ)教員同士の授業見学
(ウ)ビデオ等による授業検討

中学、高校は教科担任制だ。「指導方法」についてはどの教科でも共有できる。指導方法の検討において、近年、高校現場で扱われるのが「アクティブ・ラーニング」（以下ＡＬ）だ。「生徒が能動的に活動する」授業の総称である。ペアワークやグループ活動を取り入れた授業が試行錯誤しながら高校現場で行われている。

文科省からの提言、大手予備校での導入もあり、高校での研究授業でも頻繁に「ＡＬ」が扱われる。文科省が検討している高大接続改革が実行されるというのもＡＬが扱われる理由だ。

「現在行われている大学入試センター試験はあと5年で終わる」。大学入試が共通一次、センター試験のようなペーパーテスト重視から、

1　「大学入学希望者学力評価テスト（仮称）」の結果
2　自らの考えに基づき論を立てて記述させる評価方法
3　調査書
4　活動報告書（個人の多様な活動・ボランティア・部活動・各種団体活動等）
5　各種大会や顕彰等の記録、資格・検定試験の結果
6　推薦書等
7　エッセイ、大学入学希望理由書、学修計画書
8　面接、ディベート、集団討論、プレゼンテーション
9　その他

（高大接続システム改革会議「中間まとめ」）へ変わる。

文科省はこれからの子供が身につけるべき「真の学力」を「①知識・技能　②思考力・判断力・表現力　③主体性を持って多様な人々と協働して学ぶ態度」としている。①の「知識・技能」はこれまでの講義形式の授業でもつけられた力。③の「主体性を持って多様な人々と協働して学ぶ態度」こそが、ＡＬを通して身につけるべきものである。

高度経済成長を終えた日本はかつての経済大国の地位を失いつつある。また情報化、グローバル化がすすみ世界は急速に変化している。ある予測によると今後数年間で多くの仕事が自動化され、今ある仕事もなくなるといわれている。かつての日本のように企業に就職し、終身雇用を約束された時代ではない。新たな時代に新たな困難にどう立ち向かうかが問われている。ＡＬを通して、高校生にその問題解決をする力をつけることが模索されている。

（神奈川県横浜市・桜丘高等学校）

ALについての「よい参考書」を紹介して

ＡＬが必要とされた背景と歴史がわかる参考書がこれだ

板倉弘幸

1 日本におけるＡＬの始まり

　いくつかの文献は、その出所を24年8月の中教審答申に求めている。

「生涯にわたって学び続ける力、主体的に考える力を持った人材は、学生からみて受動的な教育の場で育成することができない。（中略）学生が主体的に問題を発見し解を見いだしていく能動的学修（アクティブ・ラーニング）への転換が必要である。」

　この文章を取り上げているのが、『授業を磨く』（東洋館出版社）と『アクティブ・ラーニングの基礎知識』（教育報道出版社）である。前者は教科調査官の田村学氏、後者は研修実務家の梶浦真氏が書いている。

　前者は章立てが、一21世紀型学力を育成する授業、二教師力を磨く、三授業を磨く（ＡＬのすすめ）とシンプルである。後者は前者の半分ほどの分量なので、短時間で読むにはこちらがおすすめである。

　上記の答申は、大学教育の質的転換に関する提言であった。その後、26年には、初等中等教育にまで下りてくるのである。「中教審への諮問（初等中等教育における教育課程の基準等の在り方について）には、四か所も「アクティブ・ラーニング」の言葉が出てくる。その一つ目が次の一節である。

「課題の発見と解決に向けて主体的・協働的に学ぶ学習（いわゆる「アクティブ・ラーニング」）」

　これは社会の変化に対応できる能力の育成が必要であり、そのためには、知識の質や量よりも学びの質や深まりを重視するといった社会的な状況から要請されたといえる。

2 ＡＬ誕生の背景やきっかけ

　日本ではこうした経緯があるが、本来は日本で誕生したものではない。

　その背景や来歴などをより詳しく調べるための最適な参考文献が『アクティブ・ラーニングと教授学習パラダイムの転換』（東信堂）である。

　前述の両書に比べ、ＡＬ誕生の原風景にまで遡り、分析がされている。

　ＡＬの発祥はアメリカにあった。

　日本では、社会の変化に対応するために学び方の変革（つまりＡＬ）が要請されたことになっている。

　ところが、本来のＡＬにはそのよ

うなロジックはなかったのである。なぜなら、ＡＬの考え方については古くは１９６０年代にチッカリングの著書『教育とアイデンティティ』、また１９８０年代、アメリカの国立教育研究所のレポート『学習への関与』で提唱されていたという。この60年代や80年代は今日のような社会状況にはなっていなかった。

この二著の主張は、「教える」から「学び」のパラダイム（理論的枠組み）に転換せよ、ということであった。

それは次の二つの理由からである。

一つは、大学の教育活動を研究活動から取り戻すということ。

二つ目には、高等教育の大衆化に対応する必要からということ。

大学本来の目的である「学生の学びと成長をめざした教育活動」が「教員の専門性、研究活動の重視」に偏ってきたので、それを再び本来の役割に戻すことをめざそうとした。

もう一方の見方として、高等教育の大衆化・多様化状況が生じて、様々な学生にどのように教えるかが、大学でも喫緊の課題となってきたからということである。

このようにＡＬの必要性は、元々今日のような知識基盤社会への対応、生涯学習への準備などといった社会の変化への対応といった観点からではなく、純粋に学生の成長やより深い理解のために学び方を工夫するといった観点から問われたのである。

また、ＡＬの定義についても様々で、『ＡＬと教授学習パラダイムの転換』の本の中で、著者の溝上慎一氏、『ＡＣＴＩＶＥ　ＬＥＡＲＮＩＮＧ』のボンウエルとエイソン、意義ある学習経験論を提唱するフィンク、そして中央教育審議会用語集の定義が紹介されている。

3　高次のＡＬを支える思考活動

次期指導要領改訂のキーワードが、「ＡＬ」であることは間違いない。ＡＬ型授業が学びや理解を深めるからである。中教審答申の用語集でも、ＡＬの例として次のような内容を取り上げている。

「発見学習、問題解決学習、体験学習、調査学習、グループディスカッション、ディベート、グループワーク等」

これらの学習法に共通するのは、先にも述べたように、主体的、協働的、学習のプロセス重視、他者と関わり対話を重視することである。

またＡＬ型授業の基盤は、活発な思考活動に支えられるともいえる。最後に、近年の訳本でＡＬ授業に活用できそうな参考書を取り上げる。

『子どもの思考が見える21のルーチン』（北大路書房）

『たった一つを変えるだけ』（新評論）

（東京都台東区・大正小学校）

ALの枠組みを検討する

これはALの目的と実現までの道筋とを明確に示すものだ

岩切洋一

1 結論

この枠組みはアクティブ・ラーニング（以下ALと称す）の真の目的とそれを実現する道筋とを極めて明瞭に示すものである。

今、教育界はどこもかしこも話題はAL一色である。この喧噪状態は次の二つの方向に大別できる。

Ⓐ冷静な分析は無く、ただ、大騒ぎするだけ。

Ⓑ要請される背景を理解しないまま、確たる根拠の無い楽観論を述べる。

Ⓐについては多くの方に納得いただけると思う。「ALこそが学校教育に求められる最大の課題だ！」という声高な主張をよく耳にする。しかし「では、そのために何をどう行えば良いのか」という具体な方法を示した例はほとんど無いのではないか。

Ⓑについてだが、研究会で講師が「小学校等では問題解決学習や討論などは既にやっている。特段の心配は必要無い」と発言することがある。

そうだろうか。では何故、改めてALの実現に国を挙げて取り組もうというのか。確かに文科省も問題解決学習や討論をALの一つとして定義する。しかし、今までの手法では今回要請される「時代の変化・国際競争力に対応した人材育成」は実現困難と判断したからこそ、今、大きなうねりが起きているのではないか。

問題解決学習や討論を実施すること自体は目的ではない。子どもを望ましい姿に向上させる手段である。やれば良いというのでは決してないのだ。Ⓑの立場にある方はALが求められる背景を理解していない。

向山氏の枠組みはⒶⒷの双方とも一線を画す画期的な提案である。

2 「枠組み」の意義

私は次の点にあると考える。

問題解決学習のフレームの中に「論争」「分析」を明確に組み入れたことである。

例えば社会科などでは問題解決のプロセスとして「つかむ→調べる→まとめる」という形が一般的だ。ここには他者との協働や多様性への尊重という視点は薄い。過去、指導案に「調べた結果を話し合う」と記されていても、そのほとんどは単なる「発表する」程度にしか過ぎなかった。

向山氏はここに論争・分析を位置付けたのである。

自らの追求結果を根拠にするからこそ討論・論争は活性化する。それは他のいかなる学習における討論よりも効果的だ。そして、真剣な論議を重ねる中で子どもは自然と異なる意見も分析するはずである。

ここから多様性を認める態度が習得され、「時代の変化・国際競争力に対応した人材育成」も実現できると考える。

3　重視すべき事項

本システムを充実したものにするためには、各段階で優れた指導を展開する必要があることは言をまたない。

しかし、その前提として次の事項も重視すべきではないかと考える。

学習問題の質を保障する。

意欲的な追求活動を行わせるにはそれに値するだけのテーマが必要だ。また、活発な論争の場をつくるには子どもの多面的な解釈が得られる重層的なテーマが重要となる。

ALにはこの両立が求められるのである。

社会科における問題解決学習を数多く見る機会があるが、そこでのテーマの多くは教師が子どもの興味とは関係なく一方的に示すものや子どもが論争するだけの意見・考えをもてない皮相的なものだった。

そして言うまでもなく、これらの実践は皆、ALとは程遠い内容であった。

それに対し、例えば向山氏の授業「雪国の人は損をしているか」では上質なALが行われている。こんな優れた先行実践をモデルとしたい。

実際に昨年度、初任者・尾形美海教諭がこれを理論追試し、『火山国・日本に住むことは損か得か』という授業を行ったが、この時も子どもは大変活発に学習し、向山氏から「良い授業だ！」と称賛をされていた。

問題の質が高ければ初任者でも一定程度のALが展開でき、逆に問題の質が低ければALは単に「籠で水くむ」だけのものとなる。

十分に留意すべき事項である。

（東京都北区・王子第五小学校）

「問題を発見する」段階の授業のコツ

子どもが図解し、説明したくなる「問い」を追試する。意見が分裂・対立した時が、「問題」が生まれる瞬間だ

木村重夫

1 教師が「問い」を示すしかない

アクティブ・ラーニングの出発点となる「問題の発見」は子どもには難しい。教師でさえ難しいのだ。

「問題」が「追求」や「討論」に値するか見極められないからだ。

どうするか。力量の高い教師の「問い」を追試するしかない。あるいは、「厳選された」「成功した」「ザ・問題」を示してやるのだ。

テーブルが1個あります。まわりに人がすわります。4人です。

図を写しなさい。

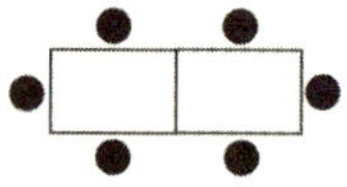

テーブルが2個です。まわりに人がすわります。6人ですね。

図を写しなさい。

次の問いは、向山洋一氏が示した。

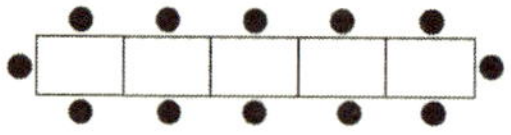

テーブルの数を増やしていきます。図はこのようになりました。この時、すわれる人数△は次の式で表せます。

△＝□×2＋2

問1　＋2は、図のどこですか。

問2　×2は、図のどこですか。

問3　□は、図のどこですか。

あるいは次の問いがある。石川県の石坂陽氏のクラスでは「対立」が生じて熱い討論が起きたという。

これも向山氏の問いと同じ構造である。

正三角形の数を□こ、まわりの長さを○cmとすると、まわりの長さは次の式で表せます。

○＝□＋2

問い　2とは、図のどこですか。

（東京書籍4年ｐ49）

2 最新「学テ」で出された問い

注目すべき問いがある。

2015年度の「全国学力テスト」算数Aの8番だ。ごく基本的な問題ではあるが、向山氏の問いと共通点がある。

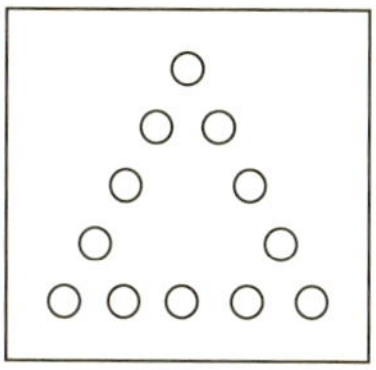
図1

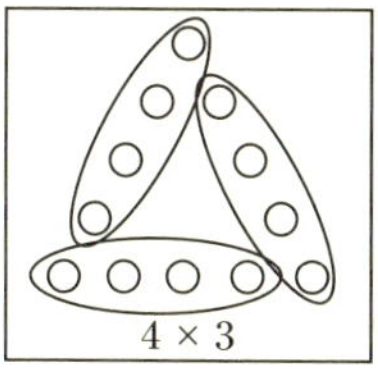

図2

図1のように並んだ○の個数の求め方を考えます。図2、図3のように○を囲み、○の個数の求め方を式にしました。

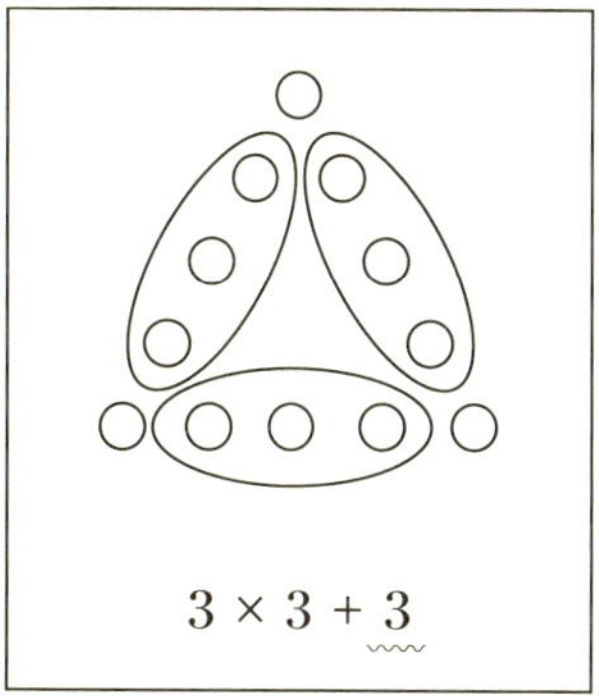

図3

図3の式の3はどの○を表していますか。解答用紙の図の、あてはまるすべての○の中を黒くぬりましょう。

基本的な内容なので、大きな対立は生じないかもしれない。しかし、3つの「3」が並ぶ式だ。いくつかの解に分裂する可能性はある。意見が分裂・対立した時が、「問題」が生まれる瞬間だ。まずは、このような問いの存在を教師が知ることである。そして教室で追試してみる。

図解させる。
説明させる。
対立点を整理してやる。
簡単な討論をさせる。
自分の考えをノートにまとめる。
友達の意見を引用させる。

こうした過程がアクティブ・ラーニングのトレーニングになる。

その上で、向山氏の発問追試に挑戦する。鍛えてきたクラスなら、熱い討論になるだろう。ノートはぎっしり書かれるだろう。

3　問題を発見させる教師の力量

子どもに問題を発見させられるかどうかは、教師の力量による。

討論を引き起こす「○○君の発見」「□□さんの問題」を見抜き、取り上げる教師の力量がなくては、問題は発見されずに埋没してしまう。

◆この図からわかったこと・気づいたこと・思ったことを書きなさい。
◆この図から問題を作ってごらんなさい。

その後の教師の対応力が問われる。優れた問いを追試しよう。まずは、教師の「問題発見力」を高めるしかない。

（埼玉県皆野町・皆野小学校）

「問題を追究する」段階の授業のコツ

集合知の記憶強化システム活用がカギ

河田孝文

1 問題を追究するシステム

「集合知」という授業システムを試行している。

集合知の授業とは、ザックリ言えば、調べ学習である。

通常、調べ学習は、孤独な作業である。一人で資料を探り、見つけたことをノートに綴って終わる。

集合知は、集団作業である。調べたことは、ノートにも綴るが、黒板にも綴る。

黒板をプラットフォームに、子ども同士で、調べた内容についてやり取りをする。

インターネット百科事典ウィキペディアを知らない人はいないだろう。

ウィキペディアは、ある情報について、サイトに誰かが書き込む。その情報に誰かが、情報を追加する。さらに誰かが、情報を追加する。情報追加の繰り返しで、データベースが構築される。時には、既存の情報が修正されることもある。ある人が、試しにウィキペディアに誤情報を書き込んだことがある。その情報は、十分で修正されたそうだ。世界中の誰かが、すぐに間違いを見つけ情報を正したのである。集合知の授業は、教室で取り組むアナログのウィキペディアである。

2 集合知の授業システム

「集合知」の授業は、次のように進める。

① ノートにテーマを書く（黒板に書いてあるものを写す）
② 教科書、資料集、参考書、インターネットで調べる
③ 調べたことをノートに箇条書きする
④ 調べたことを黒板にも書く（とりあえず一つ選んで書く。スペースがあれば、複数書き加える）
⑤ 知らなかったことが黒板に書かれていたら写す
⑥ 自分が調べたことで黒板に書かれていなかったら書く
※③④⑤⑥は、同時進行
⑦ 黒板から「わからないこと」を探してノートに書く
⑧ 質問をする
⑨ 質問に答える
⑩ 疑問が解決したら、ノートにメモする
※「わからないこと」がまだ解決しなければさらに突っ込む

⑪ ⑦～⑩を繰り返す
⑫ 黒板上の疑問が解決したら終了
※または、時間がきたら終了
⑬ 「どのような時代だったか」ノートにまとめる
※1～2行で
⑭ 発表する

例えば、弥生時代の集合知のあと、多くの子が、次のような時代だったとまとめた。

■ 米づくりが始まったために争いが始まってしまった時代

様々な作業をやっているのに、ポイントをついている。「米づくり→食糧貯蔵→身分→所有権→争い」がこの時代の大転換点である。子ども達は、集合知を通して気が付いたということである。

私は、社会科を集合知の授業を軸に進めている。

近頃は、子どもが活用する検索媒体「教科書」「資料集」「その他資料」に加えタブレットを活用している。

集合知の授業は、アクティブである。子ども達は、常に、ノートに書き、黒板に書き、友達同士で意見交換を繰り返す。システムが定着し、子ども達に意見交換のスキルが身に付けば、教師の介入は、ほとんど必要なくなる。このような状態になるための期間は、四月いっぱいである。一月続ければ、子どもだけで運営できるようになる。

集合知の授業は、六年生歴史学習で始めたシステムであるが、どの学年の社会科でも実施可能である。

さらに、総合や道徳の授業でも実施できる。

全国の多くの先生の追試で、子どもが主体的に課題を追究するシステムであることが確認できた。

3 集合知は記憶強化のシステム

記憶は、主に三種類ある。

【知識記憶】 いわゆる暗記

【方法記憶】 体が覚える記憶（ボタンの留め方、自転車の乗り方等々）

【経験記憶】 体験・経験という記憶

記憶の強度は、方法記憶→経験記憶→知識記憶の順になる。方法記憶は、一旦身に付いてしまえば、生涯忘れることはないというほど強い。

経験記憶は、感情を伴う体験にリンクした記憶なので、方法記憶に次いで強い。知識記憶は、暗記なので常に強化しておかないと忘れてしまう。

社会科は、通常知識記憶である。大事な用語、事象を暗記させられる。

集合知の授業は、知識記憶を経験記憶に変換する機能がある。

黒板に書いたことを、友達から質問される。資料を引っ張り出して、答えを探す。または、友達と相談する。時には、答えられないこともある。答えられず悔しい思いをする。

社会科が、感情を伴うことになる。

だから、暗記だけの記憶作業よりも強い。テスト前に機械的な暗記をしなくても自然と浮かんでくる。

（山口県下関市・楢崎小学校）

「討論・論争する」段階の授業のコツ

初期の指導ポイントは3つ『ほめる』『ためる』『つめる』

許 鍾萬

「討論・論争する」段階の授業は教師のイメージに規定される。

討論の授業を見たことがない、聞いたことがないのならば、実践するのはかなり困難だと思わざるをえない。

一度、TOSS授業技量検定五段以上の教師の学級（討論の授業）を参観することをおすすめする。

参観が難しい場合は「動画」「音声」などで研究する方法もある。

> TOSS動画ランド
> http://m.tos-land.net/
> 「雪国のくらし」1・2時間目

> 東京教育技術研究所
> http://www.tiotoss.jp/
> 「向山洋一デジタルアーカイブ」

1 第一のポイント「ほめる」

「教えてほめる」

始め方、立ち方、発表の仕方、待ち方、話し方など「討論のスキル」を教える。

最初にダラダラと全てを説明するのではない。活動を進めながら同時進行で教えていく。

基本原則は「一時に一事」だ。

活動させて一つ教える、また活動させて一つ教える、この繰り返しである。

初期の段階では、教師の介入がたくさん入り何とか「指名なし発表」を終えたというような状態が続く。

その直後に「ほめる」。

> ①「みんなの前で自分の意見を発表できた人？　えらい！　ノートにAと書きなさい。」
> ②「発表したいなと思って立ったけれど、発表をゆずって座った人？　すばらしい！　ノートにAと書きなさい。」

いくつかの発表スキルをとりあげてほめる。そうすることで次回からの活動がスムーズになる。

どのように進めればいいのか見通しを持つことができる。

発表の内容をとりあげてほめるの

も効果的だ。「○○さんは、教科書に書いてある言葉を引用して発表していました。すばらしい。」「私は賛成です、とまず自分の立場から言えています。」など子どもの発言をとりあげるとクラス全体に波及していく。

2 第二のポイント「ためる」

討論を成立させるためには、「問題の答えをほとんどの子が持っている」ことが重要な条件だ。

子どもが「答えを持っている」かどうかは見えない。

だから、自分の意見や考えをノートに書かせる。そして教師のところにノートを持って来させる。

ノートに○をつけながら短くほめる。この時の「ほめ方」にもポイントがある。

「どんな考えでもほめる」という構えでほめる。可能ならば、ひとりひとりに違うほめ言葉をかける。

「なるほど。わかりやすい。」

「この意見は初めて見た。」

「理由が３つも書いてある。」

「○行も書いた。すごい。」

30人いたら30通りのほめ言葉をかけられるのがいい。

こうして子どもがノートにたくさん書くことが大切である。

自分の意見や考えをノートに「ためる」。これが討論で子どもの発言を促す。

3 第三のポイント「つめる」

ノートを持って来ない子もいる。

そうした子にじっくりと教えてやることも必要だ。

日常的にこういう指導がなされていないと、「全員が答えを持つ」ということにはならない。

発表の指導にも「つめる」ことが必要だ。

討論の授業以外の場面で「全員に発表させる場面」を意図的に作り出す。

新年度の目標発表、行事の感想発表などちょっとした場面でいい。全員に発表させる。

ほとんどの子どもが発表した後に例えば次のようにつめる。

「まだ発言していない人は立ちなさい。発言したら座ります。」

「まだ発表していない人は、ノート見開き２ページに自分の考えをまとめてくるということでいいですね？　それとも、まだもう少し時間があるので発表しますか？」ちょっとだけ背中を押してあげる。こういう体験を繰り返し通らせていく。

討論を成立させるためには、日常の指導が極めて大切である。

（兵庫県姫路市・城乾小学校）

「異なる意見を認める」段階の授業のコツ

教師が発言をどう捉えるか？ 討論の後に、子供が見えない発言の良さを短く語る

小松裕明

1 向山実践「ひまわりの授業」

子供が「異なる意見を認める」前提は、教師が子どもの意見の価値をどう捉え、それを広げていくかに掛かっている。

向山実践「ひまわりの授業」で、子供達は次の討論を行った。

ひまわりの、どの部分が伸びるか

子供達の意見は、以下に分かれた。

A　上だけ伸びる…2人
B　上にひっぱられるように…1人
C　全体がびょーんと伸びる…1人
D　下だけ伸びる…32人

このあと、実験に取りかかる。ものさしとサインペンを持って、花壇にでかけた。こういった時の活動のさせ方が、できそうでできない。

向山氏は次のように進めている。

①根元にサインペンで横線を引いた。
②30㎝ごとに横線をつけ、葉っぱに自分の名前を書いた。
③ノートに写した。

子供がアクティブに動くには、いくつか原因がある。

例えば、所事物の原則がある。この実践でも、物が保障されている。理科用具箱があり、その中には虫眼鏡やピンセットがある。週に一度、用具箱を抱えて学級園に通っていた。

そこに新しく算数で登場したものさしが加わった。だから、子供達は、30㎝ごとに横線を入れる実験に辿りついているのだ。

この授業、もう1つ問題があった。

ひまわりは、現在（7月上旬）一週間で何㎝成長するか

15㎝〜50㎝伸び、30㎝伸びている子が多かった。その中で、1㎝しか伸びなかった子がいた。3㎝から4㎝に伸びただけの子がいた。

こういった時にどうするか？

多くの場合、誤差や失敗で片付けるのではないだろうか？

向山氏は、この時、班で再調査をさせている。そして、この植物がオシロイバナであることが分かる。

それを、学年便りで次のように紹介する。

恵ちゃんのおかげで、オシロイバナの成長も知ることができた。

2 「先生はね、一番良かったのは」

子供の意見の良さを認めるために討論後に、次のように聞くことが有効である。

誰の意見が一番良かったと思いますか？

そして、次のように告げる。

先生は○○君の意見が一番良かったと思います。

もちろん、その後に子供が納得するような理由を付けないといけない。

それは簡単なことでない。

私が言いたいのは、この点である。私は、子供が「失敗した」と思い込んでいる場面でそれを取り上げ「成功なのだ」と説明する。そんな時が多い。

しかし、口先だけのほめ言葉ではだめである。「失敗した」とふさぎ込んでいる子供や、まわりの子を納得させるためには、説得できる論理が必要となる。これは、やさしいことではない。

向山氏は、「失敗」した子供の失意への対応を訴えている。でも、これは、同時に、異なる意見を認める子供を育てることに繋がる。

「そんな時が多い」のだ。

3 逆転現象を起こす発問

ひまわりは、どの部分が伸びるか。

正解はA。正解は2人だけだった。

大人でも分からない問題、多数派が間違える問題。こういった授業の積み重ねが、異なった意見を認める前提を作っていく。

向山氏は、発問について次のように述べている。

もっともいいのは「勉強のできる子が間違え」て、「勉強のできない子が正しい」という発問である。――私は、これこそ、最も向山らしい発問だと思う。

こういう授業を受けた子が、異なる意見を認められるようになっていく。

国語で「ちょうちょうのえほん」（ぶしかえつこ作）で討論をした。

「先生、すごいと思ったのは…」と2人の女の子のやりとりを取り上げた。それまで衝突していた2人がお互いを認め合うようになった。

（長野市・緑ヶ丘小学校）

「結果をまとめる」段階の授業のコツ

3つのポイント～①書かせる時間をとる ②メモを取らせる ③個別評定する～

林 健広

1 毎時間書かせる時間を取る

討論だけで終わると、結果をまとめることはできない。ノートに書かせる時間が必要だ。

チャイムが鳴る5分前。必ず次の指示を出す。

> 討論をもとにして、意見文を書きなさい。

1学期初めならば、「感想を書きなさい」でもよい。ようは、討論→何か書く、という組み立てが大事である。

どの子供たちも、意見文を書くことができる。なぜか？ 今、討論したばかりだからだ。もちろん、なかには鉛筆が動かない子もいるだろう。

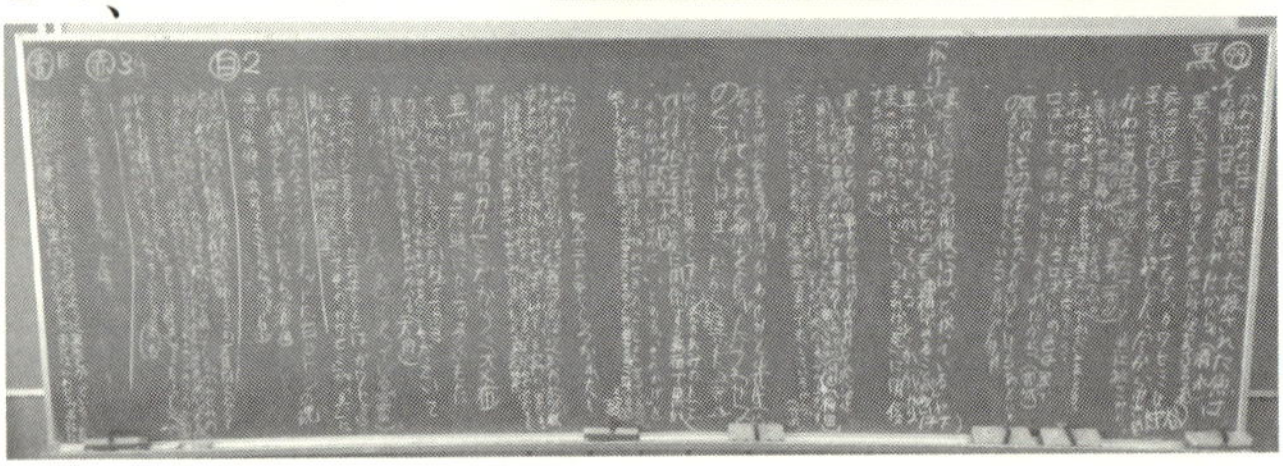

そんなときは、「黒板の意見を参考にしてもいいよ」「討論のとき、誰かが話した意見を参考にしていいよ」と言う。

黒板に意見を書かせておくことは大事である。討論中には、話し合う土台となる。「○○さんが、～と書いているけど」と話し合いの出発点になる。

討論後には、意見文を書く土台となる。なかなか書けない子は、他の人の意見をそのままノートに写せばよいからだ。さらに、反論を書く材料にもなる。「○○さんは、～という意見を書いている。しかし、これは違う。なぜなら～。」というようにだ。

黒板に意見を書かせておくことは、結果をまとめる際、役に立つ。

2 討論中、メモを取らせる

討論中、必ずメモを取らせる。意見文につなげるためである。

次の指示が有効だ。

「口か手、どちらかを動かしなさい。」

河田孝文氏から学んだ指示である。

この指示を使うと、発言する、もしくはメモを取る、どちらか必ずしなければならない。

メモは、丁寧でなくてもよい。多くの子供は乱雑だ。それでよい。ただし、①誰の②どんな意見か、は書かせる。

3　個別評定する

意見文は必ず評定する。

書かせっぱなしでは、力はつかない。

初めは文量。

1ページ書いたらA、2ページ書いたらAAと評定していく。大事なことは明確な基準があることだ。学年によって、学期によって、評定基準は変わる。

子供たちが工夫しているところをほめていく。

例えば、1年間で次のことをほめて、クラス全体に広げた。

■一文が短い。一文一義で書いている。教師が書く学級通信を子供たちは参考にする。

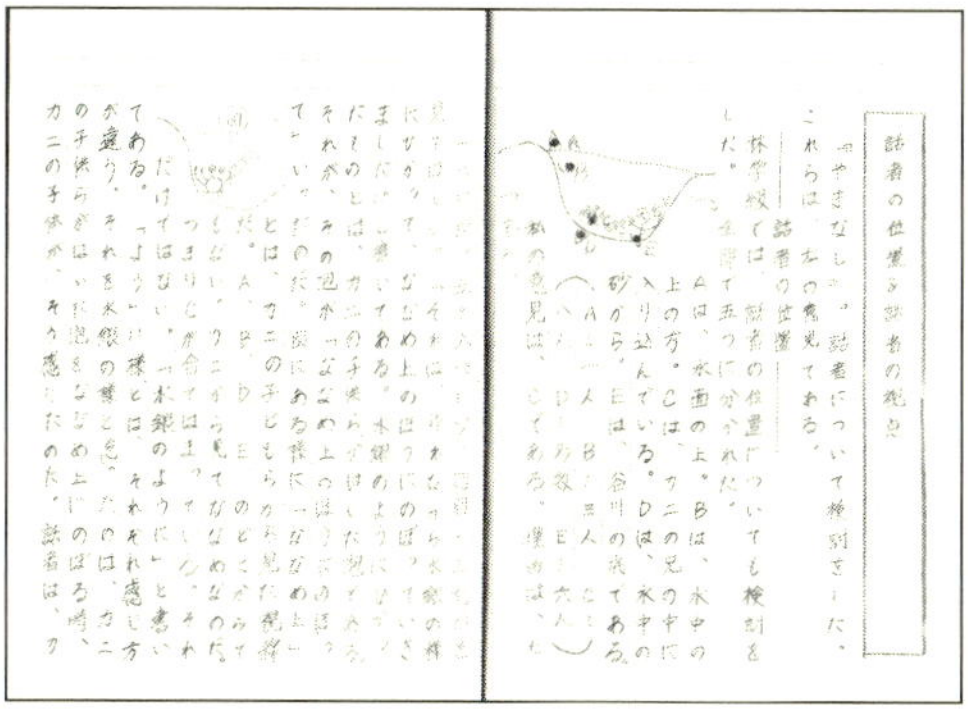

■引用する。「○ページの○行目に」「辞書によると」と書いている子供をほめる。引用する際、「　」を使っている子供もほめた。

■結論から書きだす。「私の意見は、Aである。その理由は」というように結論から書く。

■反論を入れる。「○○さんは、～と考えた。しかし、これは違う。」

■敬体か常体かで統一する。「～です。」という敬体ならば敬体で書く。いけないのは敬体と常体が混ざった意見文である。混ざった文は、そこだけ書き直しさせた。

■不必要な言葉を使わない。「～だと思う。」と書いていない子をほめた。「思う。」ではなく「～である。」と言い切りの形の意見文をほめた。

■接続詞を使っている子をほめた。「例えば」「もし～なら」を使っている子を誉めた。

（山口県下関市・川棚小学校）

小学校

ALを意識した学級開きプレゼン例

サクラのなぞの授業「花と花びらが落ちているのはなぜか？」

千葉雄二

理科の授業では、観察でも実験でも「書く（描く）」場面がある。理科での「書く（描く）こと」とは、「記録すること」である。向山洋一氏は「記録には2種類ある」と言っている。「描写の記録」と「選択の記録」である。記録するには、コツがある。そのコツを子どもたちに教える。教えなければ、子どもたちは書くことができない。

まず、理科のノートには、必ず次の基本データを書かせる。①日づけ　②天気　③空気の温度の3つである。これを必ず書くように指導する。毎時間「理科ノートの三点セットを書きなさい。」と意識させる。

問題を書き、予想を立て、結果をノートにまとめるという基本的な流れをシンプルに行う。新学期。子どもたちはやる気にあふれている。この時にこそ様々な指導を入れておく。特に楽しい授業で「ていねいに書く」というノート指導を入れたい。以下、三年生の四月の授業でのノート指導の場面である。

三点セットを書かせ、チェックする。『「サクラのなぞ」と書きなさい。』子どもたちは一行目にタイトルを書く。

▲地面に落ちているサクラの花と花びら！

『写真を見て、分かったこと、考えたこと、思ったことを発表しなさい。』

自由に意見を言わせた。「花びらがある。」「きれい。」「サクラだ。」「砂場の上だと思う。」など様々に出た。

『校庭のサクラです。地面に落ちている花と花びらがありました。これを問題にします。』

こう言って、ノートに問題を書かせる。

『「花と花びらが落ちているのはなぜか？」ノートに書いて、赤鉛筆で囲みなさい。』

書けない子には、赤鉛筆で薄く書いて、なぞらせる。

『花と花びらは誰が落としたのですか？　予想をノートに書きなさい。』

子どもたちは、どんどん書く。次のような意見が出た。

花→虫、風、人、雨、ボール、枝、石、鳥、花びら、花、自然に（くさったから）など

花びら→風、虫、自然に、地震、人、鳥　など

それぞれの理由が面白く、教室が笑いに包まれる。その後、校庭に連れ出す。誰が落としているのかを確かめるためだ。花びらは、自然に散っていく。虫や風、人が手を加えれば当然散る。では、花は、どうして落ちるのか？　サクラの木の上に何かが動いている。鳥だ。

『犯人は、ヒヨドリです。蜜を横から吸って、花ごと落としてしまうのです。』

犯人を知り大騒ぎ！

ノートに結果、感想を書かせて授業を終える。

（東京都小平市・小平第四小学校）

小学校

ALを意識した学級開きプレゼン例

入学式直後、「じゃんけん」という極めて簡単な方法でALを意識

大関貴之

> こいつ、パーしか出さないぞ！　ちょきを出せ！

　向山学級、一年生の学級開きの場面。今までは、何気なく読んでいたこの文章も、アクティブ・ラーニングという視点で読み直すと、幾つもの発見がある。

　まず、これは「じゃんけん」の場面だということ。じゃんけんならば一年生でもできる。向山氏は次のように記述している。

> 私とじゃんけんをして勝った子からサヨウナラをした。

　状況設定である。このとき、向山氏は決まったパターンしか出さない。パーである。パーしか出さないのだから、このゲームは簡単に終わるだろうと思う。しかし、一年生はそんなに単純ではない。向山氏の記述からよく分かる。

> 私はびっくりして、ひたすら負けようとするのだが、うまくいかない。

　これが一年生の実態である。

　しかし、そのような中、一人向山氏の手元をじっと見つめる子がいた。青木功太君だ。負け続けている子は半べそだ。青木君は考えた。どうして負けちゃうのか。そして、分かった。

> こいつ、パーしか出さないぞ！　チョキを出せ！

　青木君は、アクティブにラーニングしたのだ。なぜ、こいつは負けちゃうのか（問題の発見）。そして、「じっと」その様子を見ていた。そしてついに見つける。「こいつ」は「パーしか出さない」。

　チョキを出せ、と言われた子はきっと勝っただろう。勝った子は安心、青木君は満足である。

　私は、この一連の記述に「アクティブ・ラーニング」の流れを見た。当時は、「アクティブ・ラーニング」という言葉はなかった。あったのは、「論争」である。向山実践の源流だ。論争には様々な形がある。その原則を、一年生の学級開きであっても向山氏は貫き通した、と私はとらえている。

　この子どもたちはその後「どんじゃん」を経験する。またも「じゃんけん」だ。最初は、とにかく全員で攻める。これは負ける。次に「全員守れ」という方法を考える。これは負けることはないが勝てなかった。このような経験を積み上げて、子どもたちは勝つ方法を考え出していく。これもまた、アクティブ・ラーニングである。

　このように育った子どもたちは、三月に「じしゃく」の授業で討論をする。二年生になると、「まめでんきゅう」で様々な問題を発見し、討論の授業につながっていくのである。

　学級開きでのじゃんけんの一場面だが、その後の実践の流れを踏まえると、向山氏は学級開きで意識していたと考えざるを得ない。

（福島県会津若松市・日新小学校）

中学校

ALを意識した学級開きプレゼン例

学級の生徒全員の願いから、学級目標を作る

黒杭暁子

学級生徒全員の願いから学級目標を決めた例を紹介する。

1 少人数グループで「学級の願い」を出し、まとめる

四十人学級を各五人ずつのグループに分けた。座席二列を向かい合わせにし、その前後で分けた。

指示：どんなクラスにしたいか順番に一人一人言っていき、記録係が一枚のシートに記入します。短く簡潔に具体的に。他の人は批判したりしないでよく聞いてください。時間は五分。はじめ。

少人数グループで皆も話を聞く態勢なので、生徒たちも気楽に意見を言いやすい様子だ。「こういう願いもあるんだ。なるほど！」と言う声もあがった。

次に一人三枚、カードを渡す。

指示：各グループで出た願いを見て、これは重要だと思うものを一人三つ選びカードに一つずつ書きます。（三分）

指示：カードをグループ皆で見せ合います。同じ内容のカードは重ねます。（五分）

机をくっつけて真ん中にカードを置いて作業する。生徒は「私もこの願いは良いと思った！」「これとこれは同じ内容だよね」と言いながらカードをまとめていた。

2 各グループのカードをもとに、クラス目標を作る

指示：各グループでまとめた「学級の願い」カードをもとにして学級目標を作ります。

各グループでまとめたカードをグループ代表者が持ち寄って更に内容ごとに分類し、皆に見えるよう、マグネットで黒板に貼っていく。実際には次のような項目で分類された。「明るく元気の良い挨拶をしよう」「授業に真剣に取り組もう」「開始時刻を守ろう」「友達の間に垣根をつくらないようにしよう」「意見を出し合えるようにしよう」。要した時間は十五分ほどだ。

指示：今あがった項目をまとめるような学級目標を考えてノートに書きます。書き終えたら持ってきなさい。

生徒に次々板書させた。そしてその中から良いと思う目標に挙手させ、選ばせた。最終的に「けじめのある、あたたかく明るいクラス」となった。この目標作りには十分ほど要した。続いて、この目標を模造紙に書き、そしてその下に、先述の複数の具体的な目標を書いた。更に、全員が書いたカードを模造紙に貼った。すべて全員に作業させ、十分ほどで完成した。仕上がった模造紙を見て生徒たちは「みんなが書いた願いからこんな目標が生まれたんだ」と実感していた。要した時間は計五十分ほどだ。数ヶ月後、学校生活の見直しを行う。学級の問題点としてあげられたものを分類していくと、学級目標と相反する内容が出てくる。そのときは、目標と現実のずれに気づかせ、どうしていくべきかを考えさせる。自分たちで決めた目標なので立ち返りやすい。

（東京都私立立教女学院中学校）

中学校

ALを意識した学級開きプレゼン例

学級の目指すべき方向性を示す所信表明～学級通信を「ツール」として使いこなす～

清田直紀

1 所信表明で学級の目指す方向性を打ち出す

アクティブ・ラーニング（AL）を実践する前提条件がある。

「自分の意見が言える・聞いてもらえる」という安心感のある学級の雰囲気だ。

学級開きの所信表明で目指すべき学級の姿を示す。今年度（2015年度）の学級通信**【変化は進化】**第4号から転載する。

> たくさんの人たちの成長の物語が連鎖しリンクする。そんなクラスにしたい。そのために二つのお願いがある。
>
> 一つめ、みんなが成長するために色々な事に挑戦してほしい。委員会、係、部活動、勉強。何でもこれだけは頑張ってる！　と言えるものをつくってもらいたい。
>
> 二つめ、頑張ろうと思っている人の足を引っ張るのはやめよう。マイナス発言をされると、がんばろう！　と思う人のやる気が下がる。みんなで成長しようという雰囲気が崩れてしまう。
>
> 行動することで自分が変わっていきます。それが進化です。常に進化を求め続けよう！

所信表明のあと、今年度の抱負を「指名なし」で発表させる。黄金の三日間で「挑戦する」「マイナス発言をしない」を実践させるのだ。

2 学級通信を「ツール」として使いこなす

学級通信は

生徒の頑張っている姿を紹介し褒める「ツール」だ。

生徒の頑張りを見つけて褒める。また、通信の裏面には生徒の写真や道徳の感想文、絵や日記、小説・エッセイなどを載せる。掲載することで、生徒の自己肯定感が高められる。生徒は自分に自信が持て、学級に居場所ができる

だからこそALを実践する前提条件「安心感のある学級の雰囲気」ができるのだ。

（神奈川県横須賀市・衣笠中学校）

【学級通信】「変化は進化」裏面は生徒の日記例

小学校

ALを意識した教室環境づくり例

「見えない教室環境〜自由な教室の雰囲気〜」を作りだすことが大切

西尾　豊

アクティブ・ラーニングを支える教室環境には、「充実した資料（書籍）」「様々な座席形態」「前向きな教室の雰囲気」の三つが考えられる。それぞれを分けて述べていく。

1 充実した資料（書籍）

教室にそろえたい資料（書籍）として次のものがある。

①国語辞典（全員分）
②基礎日本語辞典（最低一冊）
③様々なジャンルの学級文庫
④各種図鑑・百科事典
（④は「あれば」でいい）

辞典や図鑑などがあれば、調べたいことが出てきた時にすぐに調べることができる。それにより、「分からないことをそのままにしないで、解決しようとする。」という姿勢を育てることができるのだ。

また、学級文庫に様々なジャンルの本を置くことで、子どもの知識や考えの幅が広がる。『火の鳥』や『ブラックジャック』などの漫画も、ものの見方を広げることに役立つ。

2 様々な座席形態

アクティブ・ラーニングは課題解決の過程で、個人思考の場面もあれば、論争する場面もある。それを踏まえて様々な座席形態のアイデアを持っておくとよい。

一般的な全員が前を向いている形態を基本として、コの字型、ロの字型、班ごと、号車ごとなど、様々な形態を知り、使い分けるとよい。

全体の話し合い（「論争」にあたる）の際に私がよく使うのが、左のように全員が中心を向く形だ。全体がよく見え、座席の移動がロの字やコの字より簡単だ。

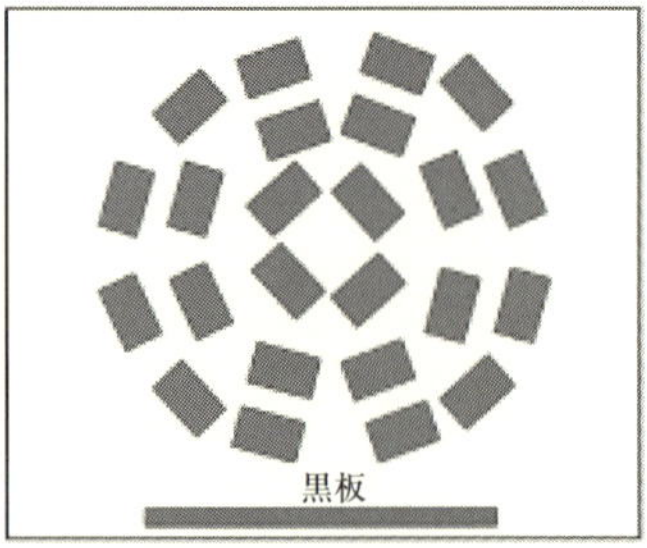

3 前向きな教室の雰囲気

「充実した資料」も「座席形態」も目に見えるものだが、目に見えないものとして、「前向きな教室の雰囲気」がある。そして、目に見えないこれこそが、一番大切な教室環境であると言える。

例えば「何でも自由に発言しあえる雰囲気」。勉強ができる子もできない子も、話し合いの場では平等であり、どの子の意見も尊重される。これがあるから、話し合いが活発になる。

それ以外にも、「間違いを恐れずに積極的に発言しようとする雰囲気」、「自分と異なる意見でも認めようとする姿勢」なども、話し合いを活発にする上で重要だ。すべては前向きな教室の雰囲気の中で生まれてくる。

前向きな教室の雰囲気を作るためには、教師が率先して前向きになればいい。教師の前向きな姿勢が子どもを変え、そして教室全体を変えていく。

（神奈川県横浜市・朝比奈小学校）

小学校

ALを意識した教室環境づくり例

アクティブ・ラーニングの活動を意識した教室環境

尾田賢一

1 アクティブ・ラーニングを意識した教室環境とは

向山洋一氏は、アクティブ・ラーニングに必要な段階として、次の五つを挙げた。

①問題を見つける
②課題を追求する
③討論する
④異なる考えを認める
⑤まとめる

これをもとにして考えると、アクティブ・ラーニングを意識した教室環境とは、①～⑤の学習活動を子供たちが行いやすい環境だと言い換えることができる。本稿ではその中から、「本」「座席」「安心感」の三点について取り上げる。

2 本

問題を見つけ、課題を追究したいと思ったとき、すぐに調べられる環境にしておくことが重要である。そのために必要なことは、次のことである。

国語辞典を子供たちがすぐひけるところに置かせておく

また、子供が一歩突っ込んで調べたいと思ったときに必要な本が身近にあることも重要である。たとえば社会科でいえば次の本だ。

矢野恒太記念会編著
『日本国勢図会』

日本の社会、経済情勢が、表やグラフを使い詳しく解説されている。

子供だけでなく教師も分からないあいまいな言葉をひき、調べるという姿勢を見せることも大切である。教室に置いておくべき本としては、通常の辞典のほかに、次の二冊が挙げられる。

森田良行『基礎日本語辞典』（角川書店）
円満字二郎『漢字ときあかし辞典』（研究社）

特に前者は、国語で分析批評の授業を行いたいと思っている方には必須の一冊だ。

3 座席

アクティブ・ラーニングでは、子供たちが教師の話を一方的に聞くだけでなく、調べたり話し合ったりする活動が多くなる。

そのため、一斉学習に適した講義型の座席配置だけでなく、学習内容に応じた座席配置の環境をつくることが必要となる。

隣同士、班などの形のほかに、クラス全体で討論を行う場合には、よく見られるコの字型の他に、子供たちがイスだけ、または机ごと教室の中央に向かい合わせて話し合うという大人数での形もあるだろう。

4 最大の環境は「安心感」

子供たちが発言することを恐れない、間違えた発言をしても失敗と思わないような安心感をもっていることは、本や座席以上に大切な環境だ。しかし、そのような雰囲気のある教室をつくり出すことは簡単ではない。教師が意図的・継続的に指導力を身につける必要がある。

（埼玉県川口市・根岸小学校）

中学校

ALを意識した教室環境づくり例

男女がペアで座る机の配置が効果的である

染谷幸二

1 机の配置から見える思想

「アクティブ・ラーニング」をメインとする公開研究会に参加した。教室に入って驚いた。生徒の机が1つずつ独立して並んでいたからだ。そこから授業者、その学校の授業に対する思想が見えてくる。

講義調の授業が中心となる中学校では、このような机の配置が主流だ。生徒の私語を防止できるからだ。生徒はひたすら《聞くこと》が求められる。換言すれば、生徒が意見を交流する活動が成立し難くなる机の配置である。

皮肉なことに、授業者自身が「アクティブ・ラーニング」の中心となる話し合い活動を阻んでいることになる。

予想は的中した。話し合い活動が全く機能しなかった。

授業者が「話し合いを始めます。班ごとに集まりなさい」と指示を出した。生徒は明らかに混乱していた。普段、そのような活動をしていないのだろう。机を持ったまま右往左往している生徒がほとんどだった。更に、6人が1つの班を構成したのだが、机と机の間に3cmほどの隙間があった。すべての班に、同様の隙間がある状況だった。

2 男女がペアで座る

勤務校では、男女が机を合わせて座っている。《男女が協力して授業に臨めなければ、話し合い活動はできない》という思想があるからだ。更に、《講義調の授業から決別したい》という教師としての願いも込められている。

男女ペアでの学習が成立しなければ、班での学習は機能しない。特定の生徒だけが発言し、それ以外の生徒は無言で終わってしまう。これでは「アクティブ・ラーニング」など、できるはずがない。

男女ペアでの学習を機能させることは簡単なことだ。

私の授業では「隣の人と確認しなさい」という指示を頻繁に出す。例えば、「福沢諭吉を漢字で書きなさい。書けたら隣の人と確認しなさい」と。「諭」を「輪」「論」と間違って覚えている生徒が多いからだ。授業中、私が生徒一人ひとりのノートをチェックするのは効率が悪い。だからペアでお互いを確認させるのだ。

机を合わせていれば、こうした活動が簡単にできる。その際、「○○君、違うよ！」「本当だ。ありがとう！」という会話が生じる。

こうした小さなコミュニケーションの積み重ねがペア学習の質を高めていく。その延長線上に班での学習がある。

学活、「道徳の時間」などでも班単位の活動を意図的に仕組んでいる。そうすることで短時間に机を移動させ、すぐに話し合いが始められるように指導している。更に、班の枠を超え、大人数で話し合いを持つこともある。こうした活動の積み重ねの先に「アクティブ・ラーニング」を可能とする環境が整うと考える。

（北海道中標津町・広陵中学校）

中学校

ALを意識した教室環境づくり例

教室環境を整え、アクティブ・ラーニングできる教材・教具をそろえよう

町田貴司

学級開きから、教室を活動的に学べる環境にする。そのためには、教室環境を整え、優れた教材・教具を用意しておきたい。それらを利用して、最終的に、お互いを尊重しながら論争できる生徒を育てる。

1 教室環境

①学級文庫

国語辞典や英和辞書を数冊置いておく必要がある。小学校の算数を復習する本なども必需品だ。

中学三年なら、過去問も公立と私立を多数、置いておくとよい。

その他にひすいこたろう氏の本は子供たちに人気である。おすすめは『名言セラピー』だ。手塚治虫の『火の鳥』や『ブラックジャック』なども置けるなら置きたい。

上原春男著『成長するものだけが生き残る』や高橋政史著『頭がいい人はなぜ、方眼ノートを使うのか?』なども生徒に是非、読んで欲しい。

そして、いんやくりお著『自分をえらんで生まれてきたよ』や永松茂久著『人生に迷ったら知覧に行け』のような生き方を考えさせられる本も置きたい。

②係活動

クラスのために働く当番と違い、係活動は好きなことを好きな仲間と集まってクラスのために活動するのが目的だ。係活動はただやらせるのではなく、必ず企画書を提出させるのがよい。そして、クラスの前でプレゼンさせるのだ。終了後、クラスの仲間から質問をさせる。細部にわたり質問するように伝える。クラスの仲間が納得しなければプレゼンのやり直しを命ずる。あきらめずに、何度もプレゼンに挑戦するように援助が必要ならする。企画書が通り、動き出すのを見守る。係が次々に生まれてくればクラスが賑やかになってくる。

2 教材・教具

クラスに教材・教具を持ち込むことで、お互いに切磋琢磨する環境を作る。ここではふれあい囲碁を紹介する。

「くやしー!」「もう一回やりたい!」

ふれあい囲碁を実施すると、そんな声が続出する。

ふれあい囲碁は、囲碁のルールで碁石を一つ以上、先に取った方の勝ちというゲームだ。そのよさは、男女分け隔てなく対戦できることと、楽しくルールの大切さを学べることである。

様々な教材・教具で教師も生徒と一緒になりながら、アクティブ・ラーニングしよう。

参照HP

http://www.fureaigo-net.com/

(神奈川県海老名市・大谷中学校)

小学校

ALを保護者に説明する学級通信例

最新の教育課程に取り組んでいることを伝え、保護者の理解を得る

松山英樹

アクティブ・ラーニングを保護者にも分かりやすく説明したいと考え、次のような学級通信を発行した。

1 アクティブ・ラーニングという学習方法

最近の教育界で、最も話題になっているキーワードが、「アクティブ・ラーニング」です。書店の教育コーナーには多くの本が並び、新聞やテレビ等でも数多く報道されています。

今の日本で進められている教育改革は、グローバル化、人口の減少や超高齢化、職業の変化などを見据えて行われていて、これからの世の中で必要になってくるのは、次のような力だと言われています。

○主体的に課題を発見し、解決に導く力
○創造的な発想力、直観力
○他者と協働するためのチームワーク
○コミュニケーション能力
○多様性を尊重する態度

これらの力を育てていくのに、「アクティブ・ラーニング」という学習方法が有効なのです。

4年1組でも学習方法を少しずつ工夫しています。主に、次の5つのステップをふまえるようにしています。

①課題を発見する
②課題を追求する
③討論・論争する
④異なる意見を認める
⑤まとめる

2 社会科の学習で

本日から社会科では神奈川県の学習を始めました。

県の学習は、学習する内容が多岐にわたりますので、まずは子どもたちがどれくらい神奈川県のことを知っているかを知るために、知っていることをノートに書き出し、それを黒板に書きました。（その様子が下の画像です）

次に、書かれたことに対する質問を考え、発表し、それに答える時間をとりました。

すぐに答えられること、答えられないこともあり、「次の時間までに調べて来る！」「資料を持って来よう！」と言う子もいました。

ここまでの内容は、5つのステップの②までです。次の時間以降、調べてきたことを持ち寄って、話し合っていきます。

この学習を行うのが目的ではなく、この方法を用いて、先に挙げた力を育てていきたいと思います。

（神奈川県川崎市・幸町小学校）

小学校

ALを保護者に説明する学級通信例

自分の考えをもち、発表することが大切であることを伝える

河野健一

1 ALは討論である

ALは討論の授業である。

討論では、結論を一つに決める必要はない。

その過程を通して、自分の考えを深めることができればよい。

そのような教師の意図を学級通信で伝えればよい。

その際に重視していたことは、「正解」を求めることよりも、文章や資料等を根拠にして自分の考えを持ち、発表することである。

2 三年生の「わすれられないおくりもの」で中心人物について検討

九月に国語の「わすれられないおくりもの」で中心人物が誰かを討論した。その時に発行した通信である。

> 子どもたちは、私に指名されるのではなく、自らの意思で立って次々とスムーズに発表していきました。
>
> あなぐま派の主な意見は「丘の上では走れなかったのに、夢では走れた。だから変化している。」というもの。
>
> 一方、もぐら派は「最初は毛布をぐっしょりぬらすぐらい悲しかったのに、悲しみが消えたから。」というものです。大体の子がこの点について、自分なりの解釈を発表しました。
>
> 昨日の段階では、子どもたちは自分の意見を発表することに終始していました。
>
> 「あなぐまだと思います。なぜなら……。」
>
> 「もぐらだと思います。なぜなら……。」
>
> そんな中、1人だけ違う種類の発表をした子がいます。A君です。A君は、次のように切り出しました。
>
> 「もぐらではないと思います。なぜなら……。」
>
> 反対意見を言ったのです。
>
> しかも、私が「反対意見がある人、どうぞ。」と促したわけではありません。
>
> 昨日は残り時間がなかったので、ここで打ち切りました。
>
> いずれは、反対意見やそれに答える意見、補足する意見が飛び交う討論の授業になればと思っています。
>
> 子どもたちに、もぐらが中心人物であることを告げて終了。もぐら派の子たちからは歓声があがりました。
>
> ただ、当たり外れは二の次です。このような授業を通して、次のような力をつけることをねらっています。
>
> ○深く読み取る力
> ○わかりやすく伝える力
> ○相手の主張を聞きとる力
> ○考えを明確に書く力
>
> これから、積極的に取り入れていきます。

この年、討論について載せた学級通信を四回発行した。

いずれも「討論を通して考えを深める」「当たり外れは大事ではない」ということを書いていた。意図していることを繰り返し通信に載せることで、保護者に伝わるはずだ。

（千葉市・新宿小学校）

中学校

ALを保護者に説明する保護者会資料例

今、必要となる力を生徒の事実を通して伝える

桑原陽子

サークル員である坂本佳朗氏（茨城高等学校・中学校勤務）の保護者会での実践を紹介する。

内容は「偶然によるキャリア」を説明するために構成し実施した。これをベースに、「アクティブ・ラーニング」の説明に持っていくならばという視点で組み立て直した。

1 討論の授業をVTRで見る

指名無し討論（教師が指名をせずに生徒達が自ら次々と意見を言い質問や反論をして論を進めていく）の授業を保護者に見てもらうことで、まずアクティブ・ラーニングのイメージを持ってもらう。おそらく、このような討論の授業を多くの保護者の方は見たことがないだろう。

2 教師による保護者への解説

「AかBか、で討論をさせましたが、結論はどちらでも良いのです。国語ですから、言葉を根拠にして考えたうえでの解釈ならば、どちらが完全に正解でどちらが完全に間違いとは言えなくなります。根拠を持って考え、異なる意見を認めながら各自の解釈を深める事が大事なのです。」

3 評論文や生徒のノートを見せる

実際の生徒のノートを見せる機会を設ける。家庭によっては、普段自分の子供のノートを見ることがないからだ。向山型の討論をすると自分の考えが、たくさん書かれている。それだけではなく、友達への意見も書かれている。討論（アクティブ・ラーニング）だからこその深い考えが、みんな引っ張り出され、ノートに表現されている。このような力がつくのがアクティブ・ラーニングであると伝える。

4 教師による保護者への解説

「なぜ、このような正解のない問いに向き合う勉強をするのか。それは、正解のある仕事は、どんどんコンピューターに置き換わるからです。このような研究があります。」

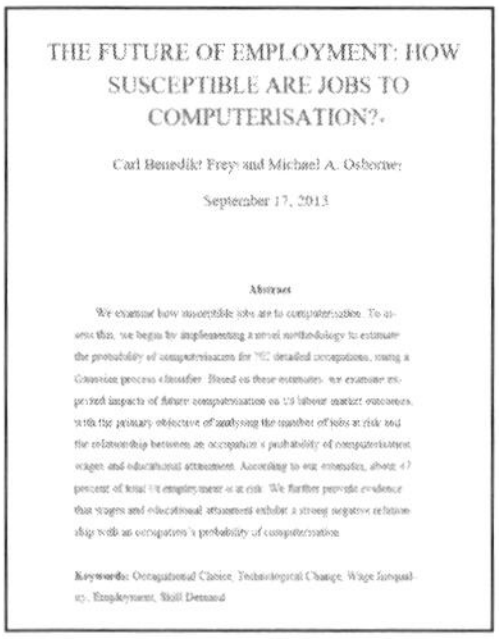
THE FUTURE OF EMPLOYMENT: HOW SUSCEPTIBLE ARE JOBS TO COMPUTERISATION?

Carl Benedikt Frey and Michael A. Osborne

September 17, 2013

Abstract

We examine how susceptible jobs are to computerisation. To assess this, we begin by implementing a novel methodology to estimate the probability of computerisation for 702 detailed occupations, using a Gaussian process classifier. Based on these estimates, we examine expected impacts of future computerisation on US labour market outcomes, with the primary objective of analysing the number of jobs at risk and the relationship between an occupation's probability of computerisation, wages and educational attainment. According to our estimates, about 47 percent of total US employment is at risk. We further provide evidence that wages and educational attainment exhibit a strong negative relationship with an occupation's probability of computerisation.

Keywords: Occupational Choice, Technological Change, Wage Inequality, Employment, Skill Demand

「生徒には自力で読ませましたが、概要としては、代表的な702の職業を調べたうち、47%の職業がコンピューターに置き換わる可能性がある、ということです。」

「ランキングの一番下を御覧下さい。0・99。つまり、99%の確率でコンピューターに置き換わる、と考えられています。電話による営業、ですね。」

（その他いくつかの職業を見てみる）「コンピューターに置き換わらない職業と、置き換わる職業。その違いは何でしょうか。お近くの方と意見を言い合ってみて下さい。」「人間でしかできない創造力を発揮することが求められてきます。そのために学校で土台となる力を、冒頭で御覧頂きましたような授業で培っていきます。」

このような授業の事実とこれから求められる力を保護者に伝えることが必要である。

（茨城県大洗町・公立中学校）

中学校

ＡＬを保護者に説明する保護者会資料例

ＡＬは社会の変化に対応する汎用的能力の育成をめざす一手法

坂井ふき子

1 教育の再生がカギとなる

現在、中学生の子供たちが学校教育を終え、社会に羽ばたく頃の日本は、大きな社会変化を余儀なくされると予測されています。

まず、一四年後の二〇三〇年、少子化・高齢化の進展により、生産年齢人口が総人口の約五八％にまで減少し、経済成長の停滞が懸念されています。

事実、この二〇年で日本の国力（国民総生産）は世界第二位（一九九三）から第一〇位（二〇一三）に衰退しました。我が国の労働生産性は先進国の中で最下位です。

また、今以上にグローバル化や情報化が進み、将来の変化を予測することが困難な時代となってきます。それに伴って、職業の内容も大きく変化すると予測されます。

このような劇的な社会の変化に対応し、大人になった子供たちが自分の可能性を発揮し、豊かで幸せな人生を送るには、社会に出る前の学校教育の質が重要です。

日本の大学入試では、正解がある問題を効率的に解くために、暗記する力が重視されてきました。

しかし、これからは、変化への対応が求められるからこそ、自分で問題を発見し、その解決の仕方を考え、他者と協働で解決していく力が必要となります。

「知識や技能の習得」だけでなく、「知識や技能を活用し、主体的・協働的に問題発見・解決できる力」を育むことができる教育を実現し、一人一人の可能性を最大限に引き出すことが日本の将来を支えていくのです。

2 資質や能力を育てる学び

大学では既にアクティブ・ラーニングという学習が導入され、教育改革が進んでいます。

文部科学省は、アクティブ・ラーニング（以下、ＡＬと表記）を、

「教員による一方向的な講義形式の教育とは異なり、学修者の能動的な学修への参加を取り入れた教授・学習法の総称。発見学習、問題解決学習、体験学習、調査学習等が含まれるが、教室内でのグループ・ディスカッション、ディベート、グループ・ワーク等もアクティブ・ラーニングの方法である」

と定義しています。

ＡＬの導入の目的は、汎用的能力の育成です。能動的な学習をすることが目的ではありません。

今、世界と対等に渡り合える人材を育成する教育が求められ、そのための「手法」の一つがＡＬなのです。

互いに意見をもち、対等な関係で議論する。異なる意見を認めながら、質の高い討論、論争を張る。

このような質の高い学びを実践していくために、ＡＬのねらいを吟味し、将来を見据えた授業を行っていきます。

（岩手県陸前高田市・第一中学校）

小学校

ALで進める校内研修の具体的テーマ

評価方法・観点項目の研修

遠藤真理子

1 基礎知識の研修

文科省の用語集には、次のような説明が書かれている。

> 教員による一方向的な講義形式の教育とは異なり、学修者の能動的な学修への参加を取り入れた教授・学習法の総称。発見学習、問題解決学習、体験学習、調査学習等が含まれるが、教室内でのグループ・ディスカッション、ディベート、グループ・ワーク等も有効なアクティブ・ラーニングの方法である。

これは「一斉授業はいけない」「学び合いや体験学習、反転授業をすればアクティブ・ラーニングになる」といった大きな誤解を招きかねない。

そこで、学習形態にかかわらず「アクティブ・ラーニング」となりうる場面を客観的に見極める必要がある。そのための研修として次の二つのテーマを挙げてみる。

①どのような状態を「能動的学修」というのか検証する

②授業における「能動的学修」の場面の抽出と検証

2 授業作りの研修

向山洋一氏はアクティブ・ラーニングには、「問題を発見する」「問題を追求する」「討論・論争する」「異なる意見を認める」「結果をまとめる」の五つの段階があるとして示している。これは先に示した文科省の用語集にも通じるものである。

特筆すべきは「異なる意見を認める」である。これは意見交換をする際、自分とは異なる意見や明らかに違うと思われる意見についても認めようという考えである。

実際、一般的には違うとされる方法（逆の発想）で成功した例はいくらでもある。

また、学習の苦手な児童が積極的に発言し活躍できる場ともなりうるからである。そのための研修テーマとして次のものを挙げてみる。

③○○単元におけるアクティブ・ラーニングを意識した学習計画の作成

④○○教材におけるアクティブ・ラーニングを意識した発問作り・指示の工夫

3 評価方法の研修

今後、授業を通したアクティブ・ラーニングの研究が盛んになるに違いない。どこの学校でも、自分たちが良いと思って実践した研究については良い結論を導き出したいものだ。

だが、果たしてそれで良いのだろうか。

グループ学習で見られる、できる子中心で苦手な子は従うだけになっていないか。的外れな意見が出されたときに一蹴していないか。本当に一人一人が思考しているのか。

授業結果を真摯に受け止めるためのテーマとして次のものを挙げたい。

⑤アクティブ・ラーニングの評価方法・観点項目の研修

（東京都中央区・豊海小学校）

小学校

校内教材ユースウエア研修会

ＡＬで進める校内研修の具体的テーマ

溝端達也

校内研修の担当になった。研修計画を作成し、職員会議で提案する。アクティブ・ラーニング的に企画を進行させる。

第一に、「誰を講師にするのか。」という問題に直面する。

私は、TOSSの先生を呼びたいと思っている。しかし、校長の承諾や職員会議での承認を通過させなければならない。

そこで私は、次のことを考え、実際に職員会議で提案してきた。

> 講師選定は、公平性を優先させる。

TOSSの先生だけでなく、校内の先生も講師としてお願いすることを、四月に同時提案した。

こうすることで、TOSSに偏った校内研修案ではないことを印象づけることができる。

また、外部の講師も公募を原則として全職員にリクエストを要求した。

「子どもたちの話す聞くスキルを高める指導法を実践的に指導して下さる先生をご紹介下さい。」

四月の多忙な時期、誰もリクエストする人もいない。しかも、実践的に指導する人となるとなかなかいない。

リクエストを受けて私は、玉川大学教職員大学大学院教授の谷和樹先生をお招きすることを自ら提案した。

校内の講師には、教頭と主幹教諭にお願いすることにした。

これで、公平性は保つことができる。

第二の問題は、謝礼である。

校内の講師には用意する必要はない。しかし、玉川大学からお招きする谷先生には、交通費と講師料をお支払いしなければならない。

しかし、これもクリアできた。正進社とTOSSがやっているユースウエアセミナー（教材の使い方研修会）を校内版にすることで校長には説明した。正進社さんが謝礼を準備して下さるのだ。

第三の問題は、教材会社の社員が校内研修会へ参加するのを校内で認めさせることである。

校長によっては、特定の業者が校内研修会に参加することを嫌がる方もいる。

他校の教師ならば、まだ話はわかる。しかし、教師でもない特定の業者が入るのはどうかということを言われる。これもクリアした。

> 講師の助手として参加を希望されている。

講師の谷先生が希望されているという話で説明した。校長からはそういうことであればということで許可が出た。

研修会はもちろん、校長にも職員にも大好評だった。

問題を見つけ、方策を考える。異なった意見も認めながら、結果をまとめていく。

アクティブ・ラーニングの手法が校内研修の企画立案においてもいきてきた。

（兵庫県明石市・二見西小学校）

長さくらべ ～たった二本の棒でAL的な授業になる～

笹原大輔

初めての一年生担任でもＡＬ的な授業ができた。誰でも追試可能な向山実践「長さくらべ」である。

1 引き付けられるモノ

長さくらべに必要なのは一ｍほどの棒二本である。私はホームセンターで塩化ビニルパイプを購入した。それぞれ赤と青のスプレーをかけて、ヒモで十字に固定すれば準備完了である。

いよいよ学級での授業。どんな反応なのだろう。子どもたちが興味を示さなかったらどうしよう……。そんな心配も杞憂だった。

> どちらが長いでしょうか。

発問が終わるやいなや、

「えーーーー！」

と驚きの反応。やんちゃ君も大人しい子もすでに全員が前のめり。モノを準備することの大切さを改めて実感した。

2 課題を追求する

> どのように調べたらいいですか。隣の人と相談しなさい。

「二本の棒をくっつける。」

という意見が出たが、すかさず答えた。

> 固く縛っているのでヒモははずせないのです。

いきなり直接比較をしてしまっては、多様な意見が出ないからだ。

向山学級では、次のような意見だった。

> ①短い棒ではかって、数が多いほう。
> ②見て、だいたいで決める。
> ③長いものさしではかる。
> ④手の幅で比べる。
> ⑤棒を床に立てて、背の高さではかる。

私の学級では②の意見以外はすべて出た。

> みんなが考えた方法でやってもらいます。黒板の前で発表しなさい。

次は検証である。出てきたすべての意見を検証していく。

検証していくと、ダメな方法がすぐに分かる。

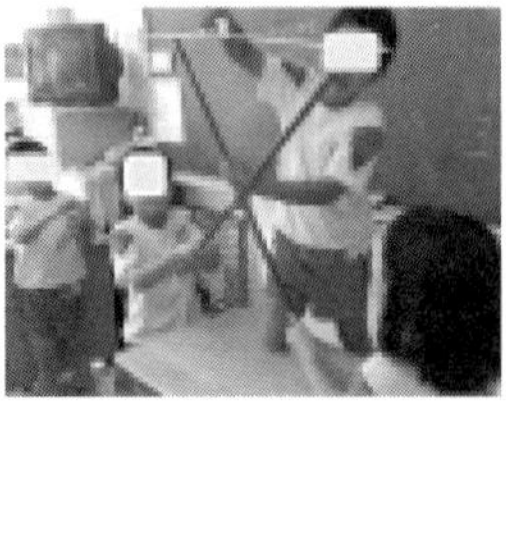

例えば、はしをそろえない子がいる。

「ええ、それはずるだよ。」「それだと正しくはかれない！」という声が自然にあがる。子ども同士の関わりの中で授業が進んでいく。

「あっ、それすごい！」「いいね！」友達の意見を認める声も数多くあがる。まさに教室全体を巻き込んだＡＬ的授業となる。

最後は、ヒモを外して棒を直接比較。はしをそろえる方法で調べることに子どもたちは納得する。ぜひ教室で実践していただきたい。

（山形県尾花沢市・尾花沢小学校）

一年生でも討論ができた！「〇〇会議」

塚田紗樹

議題は「ウサギを飼育し続けるか、それとも返すか」である。十一月下旬、雪国の厳しい冬を迎えるにあたり、施設から借りているウサギをどうするかを、学年で考えさせた。

「会議の約束」を決めておく

勤務校には、それぞれの学年に愛称がついている。この学年の愛称は「えがお」。

「今から、えがお会議を始めます」

と言うだけで、大人扱いされた気分になったのか、子どもは「わー」と言っていた。

「会議には、お約束を守れる子が参加できます」

と言い、以下を板書した。

> ①てをあげて、いけんをいう。
> ②ともだちのはなしをよくきく。
> ③じぶんでよくかんがえる。

それぞれについて、趣意説明もした。

「みんな集まって、口々にお話しすると、どうなるかな」

「自分の言いたいことだけを言って、他のお友だちの話は聞かない、これはだめです。みんなでする会議だからです」

「会議っていうのは、どれがいいか、どっちの意見がいいか、決めるんです。そのときに、〇〇ちゃんと一緒の意見がいいとか、そうではなくて、自分でよく考えて決めます」

などと、子どもに考えさせながら説明した。以上の指導を、ウサギを飼うときから継続して行う。「会議のお約束は」と言うと、学年でも学級でも一貫した指導ができる。

立場を明らかにして、理由を言わせる。

「飼い続ける」「返す」のどちらかを決めさせ自分の意見を全員に言わせた。一年生の国語で「どうしてかというと」と、理由を続ける話型も学習していた。

「返した方がいいです。どうしてかというと、雪が降ると、ウサギ小屋が寒くて、死んじゃうかもしれないからです」

「このまま飼います。どうしてかというと、校長先生にお願いして、学校の中で飼えばいいからです」

「でも、学校も朝は寒いです」

「あたたかいおうちを作ってあげればいいと思います」

など、一年生でも、一生懸命に討論をした。途中で意見が変わってもよいことを説明し、発言できない子を教師が指名した。

最終的には、「まだ飼いたいけど、寒くなっても上手にお世話できるか分からないから、ウサギの先生（借入元）のところで暮らした方が元気でいられると思う」という意見にまとまった。

「それが、ウサギさんの幸せ」という言葉に一年生でもこのように考えられるのだと驚いた。

「みんなの気持ちよりも、ウサギさんの幸せを考えられて、みんなはすごいね」と褒めた。

話し合い後、男の子も女の子も何人も泣いていた。そのような葛藤もまた、大切な成長だった。

（新潟県上越市・南本町小学校）

「『ウメエダシャク』はチョウなのかガなのか」で徹底討論

永井貴憲

2年生

毎朝の光景から討論へ発展

6月の話。朝、A君がウメエダシャクを15匹以上持ってきた。大量である。

これがこの時期の毎朝の光景である。教室後ろは植物、昆虫ばかりとなる。

すると、B君が「ウメエダシャクはガじゃ」と持論を述べた。

「どうして？」と尋ねると「羽が開いているから」と即答。「どうしてわかったの？」と聞くと

> だって、「わくわくずかん」に書いてあったもん。

と誇らしげに言う。

この時期になるとこのようなフレーズを言う子がたくさん出てくる。そのページ（チョウとガの違いについて）を開いてもらった。そこで「触覚そんなに大きくないよ。

朝になっているのに、元気に飛んでいるよ」と反論する。

すると、「う〜ん」とその子も言葉に詰まっていた。

そこでみんなに朝の会で考えていくようにした。

> ウメエダシャクはチョウなのかガなのか

で指名なし討論をした。

意見は半々となった。

みんな真剣にかごの中のウメエダシャクを観ながら、議論をしている。

みんな「わくわくずかん」を観ながら追求していく。

ある子は大きな図鑑を手にして検討を始める。10分程

の討論となった。平行線になりかけていた。

時間の関係で答えを伝えようとするとある子が「わくわくずかん」のある箇所に気がついた。

「先生、ガのなかまって書いています」とつぶやいた。

端に〇〇の仲間と種の属性について書かれてある。

それでみんな納得。

そこからみんな種属について目を向けるようになった。

アクティブ・ラーニングの

①問題を発見する
②問題を追求する
③討論・論争する
④異なった意見を認める
⑤結果をまとめる

が「わくわくずかん」を通して実証できた時間となった。

2年生でウメエダシャクを知っている学級があるだろうか？

何でも「わくわくずかん」が教えてくれる。

アクティブ・ラーニングと優れた教材のおかげで、また一つ子ども達が知的に「こんちゅうはかせ」に近づくことができた。

（岡山市・福浜小学校）

2年生

子どもたちが休み時間までも追求し続けた国語の授業

富樫 栞

子どもたちが、主体的に（アクティブに！）授業を受けているか？　これを図る一つの基準がある。それは、「授業後も考え続けているかどうか」だ。授業時間だけでは足りず、授業後も、自分の考えを熱心に教師に伝えに来る子どもがいるか？　そういう子がいる授業こそ、主体的に追求する、アクティブ・ラーニング的授業と言えるのではないか。

1 教材の紹介

四月初め、国語『書くとおなじでも、よむとちがうことば』という単元がある。単元のねらいは、「音の調子で意味が違う言葉を見つけて文を作って読むこと」である。例示として、同じ「はし」でも、渡る「はし」と食事の時に使う「はし」が出ている。

2 アクティブ・ラーニング的な授業展開

> 発問1「一本しかないはし」
> どのような様子を思い浮かべましたか。

教科書に出てくる例文を板書し、発問した。子どもたちからは、次のような発表が出てきた。

○ご飯の時に、箸で食べることです。
○長い橋を渡ったことです。

一問やって意味がわかったので、もう一問。

> 発問2「あめがすきな女の子」
> どのような様子を思い浮かべましたか。

同じような例だから、多くの子が分かる。少しずつ、熱中状態に入っていく。子どもたちからは、

○アメを舐めることがすきな女の子です。
○雨の日がすきな女の子です。

ここで、一つおさえる。

> 説明　このように、声に出して読んでみると同じ言葉でも意味が違う言葉があるのです。

教科書に書いてある言葉をそのまま読み、子どもたちにも音読させた。

> 指示1　書くと同じで、読むと違う言葉を書き出しましょう。

まずは、言葉を見つける所から始めさせる。

○はなす　○かく　○ふる
○め　○は　○あげる

言葉をたくさん挙げた後は、活動がより活発になる。

> 指示2　今挙げた言葉を使って文を作りましょう。

文を作り始めると子どもたちの手が止まらなくなっていた。あれもある、これもある、と教師側も驚く程、黒板いっぱいに書き出すことができた。

そして、子どもたちは、授業が終わってからも考え続け、休み時間にノートを見せに来る子が続出した。

このように、子どもたちが主体的に追求する授業を今後も展開していきたい。

（千葉県柏市・風早北部小学校）

向山型要約指導　～キーワードの検討をして選択する力を身に付ける～

西尾裕子

1 向山型要約指導でアクティブ・ラーニングを習慣化する。

向山型要約指導を一年間通して学習することで

一番大切なものを選択する力

が身に付く。

向山型要約指導とは、

①二十文字以内句読点も入れて書かせる。②板書させ教師が十点満点で点数をつける。③大切な言葉（キーワード）を三つ考えさせる。④一番のキーワードを選ばせ、その言葉で終わるようにさせる。⑤選んだ言葉で要約させる。

教材文からキーワードを抜き出し、教材文の最も主張したいものは何かを考える。

これをアクティブ・ラーニングの観点で見ていくと「問題を見つける」「課題追求する」という場面である。そしてキーワードを集めて要約文を作る場面が「課題についてまとめる」である。一単元で七段落あるとすると七回は練習することができる。

毎回、問題を見つけ、課題を追求し、課題についてまとめる練習を何度もすることができる。よって、これら三つの力が習慣化するのである。

2 キーワードを子ども同士で検討させることで二つのアクティブ・ラーニングの力を付けることができる。

要約指導を繰り返し学習した後、子ども同士が話し合いを進めながらキーワードを検討するように授業を行った。その授業は以下である。

①子どもが要約文を書く。
②要約文を板書する。
③子どもたちだけでキーワードの検討をする。
④キーワードを確定する。
⑤もう一度要約文を書く。

例えば、『すがたをかえる大豆』の単元での③キーワードの検討の進め方は以下である

①「私は、『工夫』がキーワードだと考えます。」
②「賛成だと思う人、手を挙げて下さい。反対だと思う人、手を挙げて下さい。」
③「反対の人(意見の少ない人)から理由を言って下さい。」

ここまでの三つの言葉はいつも同じである。もちろん、子ども同士で上手くいかないときは教師がその都度、言い方を教える。すると何回かやればできるようになってくる。

この方法は、河田孝文氏に教わった集合知の授業を参考にさせていただいた。この授業で、アクティブ・ラーニングの「討論・論争する」「異なる意見の存在を認める」ができる。

3 総合科の授業を要約指導のキーワード検討をもとに

総合科の授業では、子どもたちがしたいことを決め、意見を出し、企画し、進める。そのときにも要約指導と同じように行える。子どもが黒板に意見を書き、キーワードをもとに、目標に一番合っている意見は何かと考える。総合科も要約指導を使うと考えやすい。

（神奈川県横浜市・一本松小学校）

4年生

ファンタジー教材でアクティブ・ラーニングの授業

村野　聡

1　ファンタジー教材の討論

アクティブ・ラーニングの授業とは「論争のある授業」である。人が最もエネルギーを使うのが「けんか」（論争）だからだ。

討論が盛り上がった授業を紹介する。

四年国語の授業。教材は光村四年下に載っている「初雪のふる日」（安房直子）というファンタジー教材だ。女の子が雪のふる日にうさぎに異界へ連れていかれる物語である。

この手の教材は「現実世界→異界→現実世界」という型が多い。いわゆる神隠し的構造の物語である。（映画「千と千尋の神隠し」も同様の型である。）

読み飛ばして終わりにしてしまいたいような物語ではあるが、次の発問で討論が起きる。

> ①主人公が不思議な世界に入ったのはどの文からですか。
> ②主人公が不思議な世界から出たのはどの文からですか。

2　討論白熱

「初雪のふる日」は出口の文は分かりやすい。討論にはならないが、助走として検討させるのはいいだろう。私の解釈では「気がついたとき、女の子は、たった一人で、知らない町の知らない道をとんでいました。」からが現実世界である。

不思議な世界に入った文は意見が分かれる。子どもたちの中で最も多くの子が支持したのが、「それから、ろうせきの輪の中に、ぴょんと飛びこんでみました。」である。つまり、女の子が異界に「飛びこん」だということである。ここから先、不思議なことが次々に起こるからだ。

その次の文「すると、女の子の体は軽くなって、ゴムまりみたいにはずんできたのです。」を支持する子もいた。現実ではありえない現象がここから起きているからである。

また、「後ろでこんな声がしました。」にも支持が集まった。うさぎがここで登場するからだ。

子どもたちに自分の意見をノートに書かせ、討論させた。

まずは「それから、〜」の文が話題になった。

「輪の中に入った時点で、これはうさぎの罠なのだから、ここからもう現実ではないと思います。」

「今の意見に反対です。確かに罠かもしれませんが、まだ店番のおばあさんが話しかけることができたので、まだ現実の世界にいたと思います。」

「ぼくも同じで、入った時点ではまだゴムまりのように体がかたくなっていないから、違うと思います。」

「おばあさんに話しかけられても、普通はありえないことが起きているから、もう現実ではないと思います。」

「この話では、うさぎに囲まれていたら誰にも見えないことになっています。だから、おばあさんが話しかけたということは、まだ不思議の世界ではないと思います。」

討論が白熱。まさにアクティブ・ラーニングの授業であった。

（東京都青梅市・第四小学校）

社会科　どちらの町を紹介したいですか

岩田貴典

1 地元の町を選んで紹介するとしたら

私が勤務するさいたま市では、中学年の社会科は市が発刊している副読本を使って授業をする。

その中で、4年生に埼玉県内の市町村のことを扱うページがある。小川和紙の小川町と蔵造りの町並みがある川越市である。学習するのは3学期である。

副読本で小川町と川越市の学習をした後、次のように問うた。

「小川町と川越市。埼玉県のことを知らない人にどちらか一つだけ知らせるとしたら、どちらの町を知らせたいですか。」

人数を確認したところ、やや川越市を選んだ子が多かった。それでも半々に近かった。

その後、次のように指示した。

「埼玉県のことをよく知らない人に紹介して埼玉県のことを分かってもらうためには、川越市より小川町の方がよい、又は小川町より川越市の方がよいのだということを相手に納得してもらえるような意見を言えるようにするために、もう少しくわしく調べましょう。たくさん調べ、そして討論をします。」

図書室やパソコンルームを確保し、調べる時間を取った。副読本のみならず、本やインターネットからも情報を得るようにした。

そして、討論をした。子どもたちは熱中しながら、調べたことを発言した。

途中、小川町派の子が「川越市にもいい所がありますが、…。」と相手の立場を認めた発言をした時には、うんと褒めた。相手の立場を認めることもアクティブ・ラーニングでは大切なことである。

2 大切なのは普段の授業

以前、竹岡正和氏の講座で教えていただいたことである。

竹岡氏は普段から二者択一で意見を書き、討論させている、とのことだった。

例えば、「夏休みに旅行に行くなら、海と山のどちらに行きたいですか」のようにである。どちらかを選び、自分の考えを書く。そして意見を戦わせるのだ。

その時以来、私も普段から、行うようにしている。なるべく、人数が半々に割れそうなテーマを用意して臨んでいる。子どもたちは、二者択一の討論が大好きである。

そのためには、日記指導で、普段から文章を書くことが必要である。書くことに対する抵抗をなくさせるのである。さらには列指名や指名なし発表などで、発言することに対する抵抗をなくしていくことも必要である。

普段の授業でできることはいろいろある。アクティブ・ラーニングを進める上でも、普段の授業が大切になる。

（埼玉県さいたま市・日進北小学校）

「ユースウエア通り」の指導をすれば、新卒新任の教師でも討論の授業ができる

向井まりあ

谷和樹著『道徳の難問・良問テーマ50』（明治図書）をユースウェア通りに使った、道徳での討論の授業である。

①テーマを確認する

「親友が、自分の悪口を人に言っているといううわさを耳にした。」

②Qの中から、自分の意見に近いものを選ぶ

Q1 □いつも通りつきあう。
Q2 □しばらく距離を置く。
Q3 □つきあうのをやめる。

T「自分の意見に近いものを選びます。選んだら□の中にチェックを入れます。」

③Qごとに人数を確認する

Q1 十九人
Q2 十人
Q3 一人

④Qを選んだ理由を書く

右に、意見の例がある。参考にしても構わない。

Q1 うわさが本当かわからないから。
Q2 傷ついた心のまま、親友と今まで通りつきあうことはできない。少し時間がほしい。
Q3 また悪口を言われたらいやだから。

⑤少数派から順に意見を発表する

T「はい、では、意見を言ってもらいます。Q3から。」

書いたものを全員に指名なし発表させる。

⑥討論をする

質問や反論を中心に、意見を述べる。

友達の意見を聞いて、自分の意見を変えても構わない。

A子 うわさなのに、そうやって、親友に理由も聞かず、つきあうのをやめたり、しばらくつきあうのをやめたりするのは、失礼なんじゃないですか。

B男 しばらくやめていたら、わかるんじゃないですか。

A子 わかるとかじゃなくて、一回つきあうのをやめるんですよね。その間に親友は傷つくんじゃないですか。

B男 こちらも傷ついています。

C男 （国語辞典をひきながら）「親友」の意味は、「小さいときは常に行動を共にし、長じて何事も打ち明けることのできる友人」ってことだから、しばらく一緒にいつも通りにつきあったら、いつかは、悪口言ってごめんね、って、仲直りできるんじゃないですか。

⑦再度、Qごとに人数を確認する

Q1 二十一人
Q2 九人
Q3 ○人

⑧感想を発表する

指名なし発表で全員に発表させる。今回は、書かせた。

D子 いろいろな意見があり、とても難しかったです。でも、私はQ2だと思います。

E男 ぼくは、始めはQ3だったけど、C男さんの意見を聞いて、やっぱりいつも通りつきあおうと思いました。

（兵庫県西宮市・上ケ原小学校）

タグラグビーはALにもってこい！　作戦成功でついに1位！

根津盛吾

ボール集め競争を紹介する。男女混成で1チーム4人。

【ボール集め競争】

※４チームではボールは７個とする。

各チーム1人ずつ走っていって真ん中にある5個のボールを3チームで取り合う。早く3個のボールを集めたチームの勝ち。ボールを自陣の輪に置いたら仲間にタッチして走者交代だ。中央のボールがなくなったら他のチームのボールを取っても良い。どこかが1位になったら試合終了。

私は、このルールを示した後、具体的なアドバイスを何もせず、審判に徹した。

するとAチームは4回連続で1位を逃した。他のチームは何回かは1位を取っている。

Aチームに聞いた。「1位を取りたいよねぇ？」当然「はい」という返答。「1位を取りたいのに取れない」。これが問題を発見した第一段階である。

「どうしたらもっと早く3個集められるのか、チームで相談しなさい」と子供達に指示した。

Aチームは「タッチがのろい」と判断した。そこで、走者も次の子も懸命に腕を伸ばすようにした。すると、少し速くなった。だが順位はまた3位。

ここから「追求（第二段階）」が始まった。「もっと速く走らなくちゃだめだ！」と考えてAチームは姿勢を低くした。ロケットスタート並みになった。良い面構えである。

だが、おしくも2位だ。

相談タイムでは、Aチームの話し合いは白熱した。第三段階「討論・論争」である。

「迷ってちゃだめだ。相手がここのボールを取りに来ちゃうよ。」「相手が来る前にボールを置くんだ。」「そんなのわかってるよ。」「とにかく早くボールを取って来よう。」「どこに取り行けばいいか分からないもん。」「よく見るんだよ。」第三段階だ。異なる意見を認めつつ、話し合っていた。かくして「よく見てからボールのあるところに走って行く」という（至極当然な）作戦が成立し、早速実行された。

すると、ボールをよく見すぎて瞬時の判断が遅くなり、結局3位となった。私はおかしくて仕方がなかったが「いい話し合いだな」と励ました。

次のゲーム。

「見てると遅くなっちゃう！」「じゃあみんなで教えよう！」後方から叫ぶことにした。

ゲーム開始！

「赤に行って！」「青！」「白！」

子供達の後方支援は、指示がバラバラとなり、走者の混乱を招いた。悲しいかな、3位。

「指示はB君だけ」と決定。空間認知に優れ、瞬時の判断のできるB君は的確に指示を出した。ついに1位獲得！

ALらしい場面だったと思う。

（山梨県中巨摩郡昭和町・常永小学校）

5年生

食育でアクティブ・ラーニングの学習単元をつくる

武田晃治

1 二十年後、ある日の夕食から

二十年後、四人家族という設定で、夕食の献立を考えさせた。ある子の献立である。

・すし ・ラーメン
・ミルクティー ・お茶

この子が特別なわけではない。バランスよく献立を立てている子の方が少ない。総合で、食育単元を行った。

ALにするためには、まず、問題の発見が必要である。献立を立てた際、子どもたちには問題が見えていない。

問題発見の手がかりとして、子どもたちにとって身近である給食の「一年間の残食率表」を提示した。どんな食べ物を残しているのかを確認した。次に、農林水産省「食料需給表のグラフ」、厚生労働省「国民医療費の年次推移」「死因別にみた死亡率の年次推移」の資料を提示し、読み取りを行った。食糧事情が変化し、生活習慣病が増えていることを押さえた後、発問した。

どのような食生活が、生活習慣病の原因となるのか。

「肉の食べ過ぎ」「野菜を食べていない」など、子どもたちは、二十七の仮説を挙げた。これらの仮説から、八つの調べ学習のテーマを作った。

①バランスのよい食事ってどんなこと？
②病気をふせぐ野菜の力
③肉と魚の栄養と上手な食べ方
④加工食品の上手な使い方
⑤おやつの上手な取り方
⑥輸入食品との上手な付き合い方
⑦外食するときの注意点
⑧和食について調べよう

特定の食材のよさや不安を取り立てるようなテーマを設定しないよう配慮した。

2 土曜参観での発表と討論

テーマ設定後は、追究である。調べたことを土曜参観で発表しようという目的意識をもたせた。最終的には、四人グループでまとめさせるが、最初の段階の調べ学習は、個人で行う。最初からグループにしてしまうと、遊んでしまう子が出てしまうからだ。

調べ学習というと、子どもは、すぐにネットを使いたがる。だが、食の問題をネットで調べることは、非常に難しい。不確かな情報が多く、不安を煽り、商業に結びついているものが多いからだ。地域の図書館に相談し、小学生の学習に適した資料を児童の人数分以上用意してもらった。本での調べ活動を基本とした。（教師は全ての本に目を通し、支援できるようにしておく。）

個人で調べたことを持ち寄って、グループで情報を整理させる。整理したことを土曜参観で保護者に発表した。

これらの活動の後、再度、生活習慣病の原因について問い、討論した。片寄った食事ではなく、バランスがとれた食事の大切さを確認した。

単元の最後に、もう一度、二十年後の献立を作らせた。食の意識ががらりと変わった。

（神奈川県横浜市・南山田小学校）

向山実践がアクティブ・ラーニングを学ぶ一番の方法

原　良平

アクティブ・ラーニングを知るには、向山実践を追試することが一番の近道だ。

> ゆうべのうちに、まっ白な雪が、野も山もうずめていました。

この一文を分析する向山実践の追試を6年生で行った。（参考『向山型アクティブ・ラーニング実践ファイル集』谷和樹）

以下、向山先生の示されたアクティブ・ラーニングの五段階と、それに対応した授業の展開、そして学級での様子を紹介する。

①問題を発見する

【教材文を読ませる】

②問題を追求する

【「野も山も□も□も」としたら□にはどんな言葉が入りますか】

沢山出た。粉雪、初雪、人口雪、おいしい雪、シャリシャリ雪など。向山先生がお好きな『津軽恋女』も子ども達に歌って聞かせた。「粉雪　綿雪　つぶ雪　ざらめ雪　水雪　かた雪　春待つ氷雪」。

【雪は白いに決まっています。「冷たい雪」と書くこともできたはずだ。どうして「まっ白な雪」と表現したのだろう】

難しい発問だったので、前段で出した「○○雪」の分類から始めた。

結果、雪の「状況を表す」ものと、「（筆者の）心情を表す」ものに分かれた。「まっ白はどちらにあたるか」と聞くと、「心情」となった。

③討論・論争する

【雪は今降っていますか。やんでいますか】

これは「やんでいる」となった。「ゆうべ」であり、「うずめて『いました』」だからというのが子どもの根拠であった。

④異なった意見を認める

【「ゆうべのうちに」は、次の図のどこをさしていうのですか】

ノートに図をかかせ、黒板で意見を集約した。

おおよそ3つに分かれた。

1夕方以降から朝方までの長い時間派

2夜半の短い時間派

3降ったりやんだり派

ここが討論となった。

⑤結果をまとめる

評論文を書かせた。

◆

【野も山も□も□も…】

まず、野も山もに続けて、できるだけ多くの言葉を書いた。

野も山も町も田も畑も…といろんなものが雪にうずまっているのだ。駅も道も。すべてが。と私は考える。

【雪は白いのになぜ「まっ白な雪」が】

次に、その疑問が出て、雪とつく言葉を書き出した。粉雪、初雪、みぞれ雪、つぶ雪、小雪、屋根雪、水雪、氷雪、人工雪など、いろんな雪があるのに、なぜ、「まっ白な雪」なのか。まっ白にはどんな意味があるのか。私は、まわりのものすべてがまっ白になっているということだと考える。

◆

向山実践の追試で、アクティブ・ラーニングのフレームが見える。

（長野県白馬村・白馬北小学校）

6年生

「てこ」自由試行で原理・法則を発見していく過程はALである

平山 靖

1 課題を発見

①課題を発見する
②解決する
③討論する
④意見の違いを認める
⑤まとめる

これら全てを網羅できるのが自由試行の単元である。6年生で代表的なものが「てこの学習」である。

まず子どもたちを1列に並ばせ、10kgの袋を持ち上げさせる。次に、てこの説明をし、てこの実験具を使って、軽々持ち上がるのを体験させる。人差し指一本でも持ち上がる。そして最高に重くなる状態を体験させる。全体重をかけても持ち上がらない状態に子どもたちは大騒ぎ。先生やってみたい！という声があがる。そこで次の発問をした。

> てこの実験具を使って、仕組みを発見してみよう。わかったことは全て記録しなさい。

2 解決→まとめへ

班ごとに実験を開始。重くなる状態、軽くなる状態を記録する。班で話し合いながら仕組みを発見していく。頃合いをみて、「支点」「力点」「作用点」の言葉と意味を教えた。そして3つの言葉を使って仕組みを説明しなさい、と指示し、実験を続けさせた。

班ごとに発見したことを板書させる。ほぼ同じ内容が並ぶ。班でのミニ討論を経ているのでそれなりに説得力をもつものばかりであった。

3 実験用てこで更に追求

次の時間は、小さい実験用てこを持ち込む。そして次のように発問する。

> これが実験用に小さくしたてこです。※そう言って、支点、力点、作用点を確認する。端に10gをつけ、反対の端に10gをつける。
>
> つりあいますね。でもここなら？　※そう言って、いったん重りを外し、違う場所につける。二つの重りをずらしながらつりあう所につける。
>
> つりあう場面がたくさんあります。つりあう場面をたくさん記録して、てこの法則を発見しなさい。

ここでもまた子どもたちは班ごとに実験を開始する。そして全てのつりあう場面を記録していくことで、どのような時につりあうか、班の中で説明をし始める。私はこの時ほめて回っていた。定義をあれこれ話し合っていること、新たなつりあいを発見していったところなどである。そしてある程度自分たちの発見した法則が文にできたあたりで次のように話した。

> どの班も素晴らしい発見をしています。その法則が正しいか確かめをしていきなさい。

これによって子どもたちの発見した法則は再現されていく。最後は黒板に各班の法則を書かせる。どれも大きな違いはない。

このようにグループで自由試行させ、原理・法則を発見していく過程はAL型の授業になっている。

（千葉県習志野市・向山小学校）

社会科地理的分野「島国とはどんな国のことか？」

風林裕太

中学校社会科の地理の教科書に次の記述がある。「国土が海洋に囲まれている国を島国と言います。」この説明では、島国の定義を説明しきれていない。島国でない国も島国に当てはまる。そこで島国の定義を探る授業を組み立てた。

1 内部情報を引き出す

発問：マダガスカル・ニュージーランド・キューバ、今地図帳で見つけた国には共通点があります。何でしょうか。

※実際には地名探しをした後に発問したが、本稿では地名探しについては割愛する。

「このような国を島国と言います。日本も島国です。」

発問：モンゴル・パラグアイ・チャドにも共通点があります。何でしょうか？（海とくっついていない）「内陸国と言います。」

板書：内陸国→海と接していない国 ①

発問：では、島国とはどんな国のことですか？

指示：ノートに書きなさい。

全員発表させた。生徒からは、「海に面している国」「他の国と接していない国」「周りを全て海で囲まれている国」などの意見が出された。それらの意見を検討していく。「海に面している国はすべて島国ということですね。」（それは違う）「では、周りを全て海に囲まれている国は全て島国なのですね。」（そうだ／いやそれも違うのでは）など、揺さ振りをかけてさらに意見を出させる。ある程度意見が出た後で、次の指示を出した。

2 事例で検討する

指示：次の内、島国だと思うものには○、島国じゃないと思うものには×を書きなさい。

板書：1　オーストラリア→世界一小さい大陸　②　×

2　インドネシア→世界一大きい島国　③　○

3　グリーンランド→世界一大きい島　④　×

発問：グリーンランドはどこの国の領土ですか？（デンマーク）

指示：全員起立、デンマークを見つけたら座りなさい。

発問：デンマークは島国ですか？

指示：○×理由は〜です。ノートに書きなさい。

全員発表させた。

板書：デンマークは島国ではない　⑤

指示：結局、島国とはどんな国のことですか？　①〜⑤を参考に一言で書きなさい。

指示：キーワードでまとめます。ノートに書きなさい。

板書：○○（大陸）に接していない国

（東京都三鷹市・第六中学校）

中学1年

不十分でも挑戦「未来予想」

向井ひとみ

向山先生は、アクティブ・ラーニングを五つのステップで示された。

1 問題を見つける
2 解決する
3 討論する
4 異なる意見を認める
5 まとめる

私にとって、難しいのは、1と3である。1では、つい、問題を提示してしまう。3では、一通りの意見を言わせることができても、そこから討論に発展できない。それは、私自身が結論ありきで考えがちであり、根拠が示せない討論はだめという思い込みがあったからだ。今回は根拠が示せなくてもOKと考えた。

1 問題を見つける、解決する

「世界の諸地域」の中から一番興味のある国を一つ選ぶ。その国について、次の三つを必ず入れて調べる。

①人口、面積、気候などの地理的な事柄
②産業について
③その国の特徴的なこと
④日本との関係や比較

四人グループになり、調べた国について発表しあう。

その中で自分が調べた国と友達が調べた国を比べ、わかったこと、気づいたこと、思ったことを書き出す。

このとき「○国は～であるが、△国は・・・・である」とまとめ方を指示した。

「アメリカは、フランスより面積が大きい」「インドは、フランスより小麦の生産が多い」などがあがる。「日本との貿易では、アメリカは、輸出輸入も多いが、オーストラリアとの貿易は輸入が多い」などがあがる。この発表は、指名なしで行った。

そこで今後、自分の調べた国に起こる変化を予想する。

例えば、「農業の生産高が増えていく」「工業化が進む」等である。

発表された予想のなかから、みんながよく知っている国で日本との関係について絞り込んだ。

2 討論する

「日本とサウジアラビアとの貿易は今後増えるか減るか」を討論する。まず、自分の意見をノートに書かせた。

少数派の「減る」から意見を言う。しかし、双方の言い分が終わると、意見が止まってしまった。そこで、私が多数派の「増える」に質問をした。「石油はやがてなくなると言われているため、日本でもいろいろな発電が試されています。だから、今しばらくは増えても、やがて新しい技術が出てきて減るのではないですか」。すると、「今しばらくは増えるなら、増えることになるのではないでしょうか」と反論された。「いい反撃ですね。すばらしい」と褒めたが、意見は続かなかった。「いろいろな意見を聞くことができた」とまとめを書いた生徒が多くいた。難しいではなく、挑戦しようと思った。

（兵庫県加古川市・両荘中学校）

生徒の活動を保障する中学社会の諸実践

原田雄大

1 TOSS実践は活動の宝庫

「中学校に入ったら、急に勉強が面白くなくなった。」

この言葉を聞いた時、自分の授業が説明中心であることに気付くことができた。力不足を痛感した。それと同時に、「少しでも生徒が楽しくなるような、活動できるような授業にしよう！」と決意した。

私がまず力を入れたのは、「授業開きの一時間」だった。

授業開きこそ、「社会科って面白い！」という気持ちを、生徒たちに味わわせたかったからだ。TOSSランドから、中学校の学習内容にあった授業を探し、そのまま追試することにした。その結果、以下の三つの実践を、中学校社会科の授業開きで行っている。

【地理】『世界からこんにちは』
染谷幸二氏実践追試
（TOSSランド　№１１４５００１）
【歴史】『五円玉の授業』
大河内義雄氏実践修正追試
（TOSSランド　№９３８１７３１）
【公民】『祝日法の授業』
染谷幸二氏実践追試

どの実践も、生徒が意見を考え、発表する場面が保障されている。発表された意見がそれぞれ異なることから、子どもたち同士の交流が生まれ、自然と笑顔が増えていく。

今年度も、中学三年生に『祝日法の授業』を行った。授業後のアンケートは、三十五名全員が「楽しかった」と回答していた。

2 活動を授業に取り入れる

日々の授業にも、生徒が能動的に学習に取り組めるように、様々な活動を取り入れることにした。特に生徒に好評なのは、「地名さがし」である。

① 地図帳の指定のページを開かせる。
② 黒板に問題を書く。
（例）「愛西」
③ 見つけた生徒は、地図帳の地名を赤で囲んで立つ。
④ 立った生徒の順位を読み上げる「一番、二番…」。
⑤ 立った人は、近くの座っている人に教える。
⑥ 十番目に見つけた人が、答えを言う。
⑦ 問題を変えて②～⑥を繰り返す。

時間は、授業冒頭の五分～十分程度を使って行った。普通に行っても、十分盛り上がるのだが、生徒たちが活動に慣れてきたら、一番に正解した生徒を前に呼び、次の問題を出題させても良い。「核融合科学研究所」「八開」など、マニアックな地名が出題され、大変盛り上がった。

地名さがしのほかにも、「地図記号」「都道府県」「歴史人物」の各種フラッシュカード、時代名を歌って覚える「歴史覚え歌」も生徒に好評である。道具を貸し出すと、休み時間にお互いに問題を出しあって遊んでいるほどである。

ＴＯＳＳ実践を駆使し、これからも子どもたちが能動的に学ぶ機会を保障していきたい。

（愛知県尾張旭市・西中学校）

教師の対応が多様な意見を引き出す

星野優子

1　授業の実際

中学二年、数学。「一次関数」第一時の授業である。比例の表と、一次関数の表を比較し、双方の共通点と相違点を書き出させた。向山氏がまとめた5項目に沿って、授業をまとめる。

(1)問題を見つける

教科書の通りに状況設定を確認し、表をノートに書かせる。

教科書をもとに、共通点・相違点を書き出すように指示した。

「2つの表を比べ、共通点をできるだけたくさん書きます。小さなことでもいいから3個書けたら持ってきなさい」

(2)調べる

書き出し、3つ書けたらノートを前に持ってきて板書。3つ書けた生徒は更に3つ書き足すように指示を出した。板書には、

・yの値が増えていっている
・yの値がすべて偶数

など、分かりやすいものから、

・xとyの和が1ずつ増えていく
・表の両端にあるyの値の和と、その一つずつ内側の値の和が等しくなっている

などよく考察しているものまで、黒板いっぱいに意見が並んだ。

(3)討論する、確認する

「黒板に書かれたものを参考にしてもいいですよ」というと、生徒も自然と黒板に書かれた意見を読むようになる。

「なるほどね〜」「あれは違くね？　〜じゃん」など、書かれた内容について、早くも検討が始まっているところもあった。

(4)異なる意見を認める

板書の意見を一つずつ発表させ分かりづらいところについては教師が補助をしながら進めた。

途中で、ASDの女子生徒が突飛な意見を出した。説明が分かりづらく、周りも混乱した様子が見て取れたが、近くに座っている男子生徒が補足のコメントをしたところ、やんちゃな男子から「あぁ〜〜！」という声があがった。すかさず「今『あぁ〜』って反応した人、いいねぇ！　そういう反応大事だよね」と、反応した生徒を褒めた。

その言葉で一気に学級の雰囲気が変わった。意見への反応が大きくなったのだ。反応があると、笑顔が増える。すると、自然と発想も広がり、新たな意見が次々に出るようになった。

(5)まとめる・具体化する

最後はそれぞれを式化し、比例と一次関数の式の違いについて触れ、授業を終えた。

2　対応力が能動的な学習を促す

この授業で感じたことは次だ。

> 授業の進め方、指導法はもちろん、教師の授業力・対応力が能動的な学習につながる。

同じ発問・指示で授業をしても子どもの反応が違うのは、授業者のちょっとした場面での対応が大きく影響していることは間違いない。

文科省が示したアクティブ・ラーニングの定義は「学修者が能動的に授業を受けること」である。指導法の研究を進めつつ、子どもが「能動的」に参加する授業に必要なことを学び、実践していく。

（埼玉県さいたま市・宮前中学校）

有罪か無罪か？ 森鴎外「高瀬舟」で討論を仕組む

木多良仁

1 毎年討論が盛り上がる教材

光村図書の教科書を使用している。3年生を担当したときに、いつも討論が盛り上がる教材がある。

森鴎外の「高瀬舟」である。さすが文豪の作品である。生徒にとって若干難易度が高い語句が含まれるものの、筋はいたってわかりやすく、そして考えさせられるテーマを投げかけてくる作品である。

この作品がいつも討論を生む発問が「喜助は有罪か、無罪か」だ。

2 AL的授業展開

①【問題を発見する】

教材文が問題を提示してくれている。物語終盤、話者が次のように語る。

「殺したのは罪に相違ない。しかしそれが苦から救うためであったと思うと、そこに疑いが生じて、どうしても解けぬのである。」「庄兵衛は、まだどこやらに腑に落ちぬものが残っているので、なんだかお奉行様にきいてみたくてならなかった」

喜助から「弟殺し」のいきさつを詳細に聞いた庄兵衛が、有罪でよいのか疑問をもったまま、物語が終わっている。

②【問題を追求する】

「あなたがお奉行様だとしたら、喜助は有罪か無罪か。どちらかに決め、理由を書きなさい」と発問・指示をする。まず個人作業で、立場と理由をノートに書かせる。また、文章中に書いてあること、またはそこから推測できることを根拠に考えるよう、言い添える。生徒が架空の設定を作り始めると、教材文からどんどん離れていく討論になってしまうからである。

③【討論・論争する】

机を合わせて班の形にさせる。私の場合4人班で、ここでまず討論をさせる。次のように指示する。「同じ立場の人からは、自分の考えを強化できるヒントをもらいなさい。違う立場の人とは理由を言い合ったり質問し合ったりしなさい。そのとき話したことをノートに書き加えなさい」さらに、指示する。「今から○分間、教室内を自由に動いてよいです。意見を聞いてみたい人のところへ行ってきなさい。スタート！」4人班では得られなかった情報を入手させる。教室のあちこちで討論になる。

④【異なった意見を認める】

クラス全員が向かい合うように机の向きを替えさせ、全体での討論に入る。「私は○罪だと思います。理由は…」「今、〜という意見がありましたが、それは…（反論）」などの発言が続く。自分と同じ立場はもちろん、違う立場の意見もメモするように指示する。

⑤【結果をまとめる】

③の一連の活動を終えて、あらためて自分の立場と理由をノートに書かせる。教師がほとんど口を出さずとも、始めより考えが深まっている。

（石川県金沢市・野田中学校）

中学3年

「目標」と「目的」の違いを理解させる

森田健雄

1 行事指導で必ず行うこと

合唱祭や体育祭で生徒は「優勝」を目標に掲げる。

しかし、スローガンであるはずの目標が、いつの間にか、「何のために行うか」という目的と混同し、優勝のためだけに動くようになってしまう学級がある。

そういう学級は、結果だけにこだわり、優勝すれば喜び、そうでなければ落ち込んで終わりである。

私は「何のために行うのか」という目的を共有することが大事だということを、サークル代表である長谷川博之氏から教えてもらった。今では、行事の前に必ず「目的」を共有するようにしている。そうすると、行事後の生活が変わってくるからだ。

今回は中学三年、特別活動で合唱祭の「目的」について話し合った授業を紹介する。

2 授業の実際

合唱祭の「目標」を問うと、「優勝」という言葉が返ってきた。そこで次のように発問した。

> 合唱祭を行う「目的」は何ですか。ノートに書きなさい。

生徒はここで初めて、合唱祭の「目的」について考える。合唱を通して、男女の仲が良くなることだったり、練習を通して時間に対する意識を高めたり、様々な意見を書いていた。

この時点では、自分一人で上手く意見をまとめられない生徒や、自分の考えが合っているのか不安な生徒がいる。そこで次のように指示する。

> なるべく多くの人と意見交換をしなさい。
> その時、「私は○○だと思いますが、あなたはどのように思いますか」と、まずは自分の意見から言います。

この指示で、生徒は一斉に動き始める。教師はどんな意見を言い合っているのかを、机間指導をしながら確認する。

意見交換をした後に、自分の意見を変えたい生徒がいるかもしれないので、もう一度考える時間を与える。

その後、次のように指示する。

> 意見を発表します。それ以外の人はメモをとります。

できれば全員に発表させたい。

発表が続いていく中で、「目的」は優勝であるという生徒もいるかもしれない。

教師が意図していなくても、そういう意見があることを生徒が知るのも大事なことだ。最後にこの考えが変われば良い。

話し合いの最後には、意見を聞いた感想や考えを書かせる。

この話し合いを行なった時、私の学級では、「合唱を通して、学校生活をより良くすること」「互いの良さを認め合いながら、力を合わせること」などの「目的」が共有された。

合唱祭終了後、多くの生徒が「合唱での学びを今後の生活に活かしたい」と書いた。実際に、呼びかけや挨拶などを教師に指示されることなく自主的に行える生徒が増えた。

（埼玉県さいたま市・三室中学校）

一人一人を大切にする行為とは

向山洋一

どの子も大切にすることが出発点だ。言葉だけではない。心の底からのいとおしさがなければならない。

向山の文章に対して、太田政男先生がコメントを書いている。大森第四小で同学年だった藤野先生とのできごとである。

一人一人を大切にするということは「言葉」ではなく行為にあらわれるのである。

〈藤野先生のことです　プロ歌手でした　藤山一郎の代理をするほどのね　古賀の内弟子でした　家庭の都合で教師になりました　私より15歳年上　洋さんの実践はすごい　私もその通りにすると　若い向山を支えてくれました　藤野先生の膝の上にはいつも　クラスで一番できない子たちが乗っていました

このことを知識としては知っていた。

藤野先生が「プロ歌手」であることも、「古賀の内弟子」であることも。

コメント後半のことも全集52巻を開けば、ちゃんと書いてある。

しかし、読めていなかったのだと思った。

この時、向山先生は教職6年目。

藤野先生と同学年で、向山先生が学年主任だった。

「藤野和人氏が強引に押しつけたのだ。」と向山先生は書いている。

「洋さん。じゃんけん制を含む洋さんの実践はすごい。

私も真似させてもらっている。

洋さんが間違えたら、私までコケてしまう。

それでもいい。

思い切って学年主任をやりなさい。大丈夫、洋さんならできる」（前掲書 p.77）

藤野先生が、向山先生のことを年齢などで判断せず、敬意を持って接しているのが文章からも伝わってくる。

そして、藤野学級の様子。

藤野学級を休み時間に通ると、教卓のところに子どもたちが何人も群がっていた。

笑い声がいつも起きていた。

それは「クラスで一番勉強ができない子。みんなに嫌われている子」だった。

藤野先生の膝の上にいるのは、決まって「できない子」であり「嫌われている子」であり「汚い子」だった。勉強のできる子、きれいな子を膝に乗せていることはなかった。


そして、藤野先生が語った所信。


「洋さん。勉強ができる子や人気のある子は、これから先の人生で、いつだって脚光をあびたり、人から大切にされたりするんだ。

だけど、クラスで最下位のような子は、今大切にしてやらなければ、再び大切にされることはないのかもしれないんだ。

今大切にしてやって、人生のバランスはとれているんだ」


向山先生に「藤野先生は、いつも子どもがいっぱいいますね」と声をかけられたときに語った言葉だ。

藤野先生の考えが確固としたものであることが伝わってくる。

藤野先生のこの所信は、向山先生の哲学にもつながっていく。


すべての子どもは、大切にされなければならない。

すべての子どもは、可能性を持っている。

一人の例外もなく。


自分より15も若い向山先生に対する接し方も、学級の子ども達に対する接し方も変わらない。

向山先生がそうだったように、藤野先生の考えもまた一貫している。

だからこそ、藤野先生は向山先生の凄さを見抜けたのだろうし、向山先生もまた藤野先生の凄さを見抜けたのだろう。

今回、野津先生のダイアリーとそれに対する向山先生のコメントを拝読できたことで、今まで見えていなかったことがつながった。

TOSS・SNSは本当にすごい。自分一人だったら気づかずに通り過ぎていただろう。〉

発達障がいを持つ子どもも巻き込む向山型討論によるアクティブ・ラーニングの状況設定

場の状況設定と発問の状況設定でどの子どもも熱中する

小嶋悠紀

討論の授業に憧れる青年教師は多いだろう。

特に向山学級の討論の映像や音声CDを見聞きした青年教師は「自分もその境地に達したい！」と強く願うに違いない。

私もその一人である。

しかし、向山学級のようなアクティブな討論をしようとして必ずある壁に打ち当たる。

それは、

「全員が、討論に参加していない」

という状況である。

特に発達障がいを持つ子どもが討論の最中ボーッとしていたり、あくびをしていたりする場面を見受ける。

向山氏は討論的授業における集団思考の教師の技術として次の2つを挙げている。

> 第一は中心となる討論に耐えられる問題を取り上げることである。
> 第二は異なる意見を対立する2つに整理することである。

発達障がいの子どもが不適応行動を起こす様々な教室を参観するとこの2つの条件を満たしていないことが多い。特に重要な項目は、「2つに整理すること」である。ASD（自閉症スペクトラム）傾向のある子どもほどこの部分が重要である。

情報がうまく整理できない、ゲーム性のあることが好きという特性がASDの子どもたちにはある。それらを満たすことでASDの子どもたちでも討論の授業に熱中することができる。人物の気持ちを問うたりする授業には、そのような条件を満たすことができない。

一つ授業例を示す。

2015年に新しく発見された与謝蕪村の俳句の授業である。

「傘も　化けて目のある　月夜哉」

指示1　自分なりの読み方で3回読んだら座りなさい。

子どもたちは読み方だけで大熱中である。「傘＝からかさ」である。子どもに傘とは何かを問うてもよい。絵などで「からかさお化け」を見せると理解は深まる。

発問1　傘に穴は空いていますか。

もちろんこれは「空いている」となる。からかさお化けになるには「一つ目」が必要だからである。

そして次の発問へつなげる。

発問2　この俳句の光景を一目で分かるように絵に描きなさい。

子どもたちは、熱中して描いてくる。

そして、いよいよメインの発問へいく。

発問3　話者の視点はどこにありますか。

これはおよそ次の絵のように2つの対立構造にまとめられる。

実際の討論の場面では、どの子どもも熱中して討論に参加していた。ＡＳＤ傾向のある子どもほど、すごい論を立ててくる。「傘お化けは、月からの目線でないと成立しない。傘を差す人の目線ならば、からかさとわざわざ表現しないはずだ」。発達障がいを持つ子どもが授業でヒーローになった瞬間でもある。

しかし、このような対立構造を作ってもなかなか討論に集中できない場合がある。それは「全体で討論をすると情報の取捨選択がうまくいかずに混乱する」という特性を持つ場合である。

このような子どもがいる場合は、場の状況設定を行う。全体ではなく、「4人程度のグループ」でまずは討論をさせるというものである。向山氏も「春」の4年生に対する授業の中でこの手法を導入部分で用いている。

グループ討論は人数が少なくなるのでＡＳＤの子どもも情報を整理しやすくなる。ただこの方法は万能ではない。意見がすぐに出尽くす。話し合いが無方向の状態になってしまうという欠点もある。

ＡＳＤの子どもにこの方法を用いる場合の留意点がある。

①時間は短く

長い時間を取ってしまうとＡＳＤの子どももさすがに飽きてしまう。5～10分以内に終わりにする。

②モデルになる子どもと同じ班にする

ＡＳＤの子どもには「モデル」が必要である。討論のスキルを入れるために「モデル」になる子どもを一人班の中に入れる。これが全体討論になったときにスキルとして発揮させる。

③意見を一つにまとめる

グループの少人数で意見をまとめる練習になる。

④必ず全体討論に還る

グループの話し合いで終わらせない。そこから全体討論へと昇華させていく。

場の状況設定も発達障がいを持つ子どもが活躍する重要な条件となる。

（長野県上田市・中塩田小学校）

「わかる」「できる」から「やりたい」「伝えたい」の気持ちを引き出していく

熱中させる4ヒント――『易から難』『挑発』『お手本』『伝達方法』

笠井美香

1 イメージできる！見える！わかる！

四月、私のクラスには、何もしないAくんと、何か言うと「意味わからん」と言うBくんと、「違います」と食ってかかるCくんと、気に入らないことがあるとすぐに暴言をはくDくんがいた。

彼らが、一斉に私の方を向き、私の言う言葉に食らいついた授業、勢いよくノートに答えを書き、発表しまくり、ほめられ、友達の意見に「なるほど」と唸った授業は、やはり、向山洋一先生の授業の追試であった。授業が終わった時には、子どもたちは、暴言ではなく、「先生、授業、楽しいね」と言った。それらに共通することは、以下の三点である。

1　提示したものが、彼らがすでに経験・理解していて、「できる」「わかる」と見通しがもてた。
2　話題（課題）となる共通の資料があり、見て比較したり、自分なりの考えを伝えたり、話し合ったり、討論したりすることができた。
3　場面や範囲を限定することでシンプルにそのことだけを深く考えることができた。

例えば、簡単な問題から少しずつ少しずつ条件を変えて難しくしていっても、AくんもBくんもCくんもDくんも食らいついた。時には、「もう降参ですか？」に挑発され、やりきった。例えば、二つの都市の未来図を見せ、どちらがいいか考えさせるとき、「前に出て見てもいいですか？」の優等生のEくんにつられて、四人とも前にやってきて、目を皿のようにして、絵を見た。前に出てEくんの話を聞いて頷いていた。例えば、「『おじいさんは山にしばかりに』と『おじいさんは山へしばかりに』ではどう違うのか、絵や図を描いて説明しなさい」に、最後の最後まで絵を描いて主張していた。彼らは暴言や攻撃、「わからん」の無気力の代わりに、さらに「やりたい」「調べたい」「発表したい」の気持ちになっていった。

つまり、状況を「易から難へ変化させる」「挑発する」「お手本がある」「伝達方法がある」ようにした時、子どもたちは、熱中した。

2 「4m＋2」易から難へ変化させる状況設定

四月の授業開きに「4＋2＝」と黒板に書いた。向山洋一先生の学級開きの追試である。6年生の子どもたちは、「今さら何を、先生は……」という顔で私を見た。AくんもBくんもCくんもDくんもである。おそるおそる「6です」と答える一番前の子ども。私は、力強く「その通りです」と言う。「なんだ！」「そのままか！」と空気が和む。そして、「4m＋2＝」と書く。「6m！」と子どもたちは、大声で言う。優等生のFくんだけは「できません。単位が違います」と答えた。そのことを大いにほめた。「Fくんのようにおかしいなあということを堂々と言えることがいいことなのです」と言うと、そのまねをしようとおかしいなを見つけるようになる。さらに、黒板に四つまとめて書いた。これに、子どもたちは大興奮した。嬉しそうに問題を解き、友達と答えを確認していた。簡単にできる問題から、はっとする問題。そして、全く別の計算式で考えさせる展開である。

1	4÷2
2	4m÷2
3	4÷2m
4	4m÷2m

3 「丸に線を引いて図形を分ける」挑発する・お手本がある・伝達方法がある

夏休み前に行ったのは、○（円）に線を引き、○が何個に分かれるかの問題である。黒板に○（円）一つを描き、「円に一本線を入れ、円を分けなさい」。そして、5秒後に「いくつになりましたか?」と聞く。「二つです！」と答えた子をほめ、その子を黒板の所に来させてかかせた。黒板の所に来させてやらせることがその他の子のお手本となった。さらに、「次に、円に二本線を入れなさい」と指示し十秒後にいくつに分かれたか聞いた。ここで「三つ」と出た後、「四つ」と答えた子がいた。もう、わーわー状態である。ノートを見せまくり、黒板にかきまくる（伝達方法がある）。四つだったことにどの子も納得する。そこで、「まだ、いけますよね。3組さんは、こんなもんじゃないでしょ」と言ったことで「円に三本線を入れなさい。いくつに分かれましたか?」の発問に興奮して取り組んだ。さらに「四本線を入れなさい」に何ページもノートを使い答えを求めた。

子どもたちに「わかる」「できる」をたくさん感じさせる状況を設定することで、難しい問題も「やりたい！」「伝えたい！」に転換できる。

（広島県東広島市・寺西小学校）

ラーニングピラミッドへの対策が必要

根拠のないデータを批判できるようにしておくこと

小野隆行

1 教育現場の針は極端に振れる

新しい学力観が出るたびに、教育現場の針は極端に振れる傾向がある。

例えば、「支援」という言葉が出てきた時もそうだった。

> 学習指導案の「指導上の留意点」という記述を「教師の支援」と書き換えなさい。

この指導を何度受けたことか。指導主事、管理職、研究主任など、そうでなければおかしいとさえ言う。それが良いと信じ込んでいるのだ。

また、総合的な学習が出てきた時もそうだった。

「知識・技能を活用することが大切だ」「問題解決の学習過程を踏まなければならない」

そのようなことから行われたのは、

> 子どもたちを川原へつれていって、「さあ、どんな問題があるかを探そう」と問いかける。

のような学習である。

子どもたちから出てくるのは、「ゴミ問題」「洗剤などの汚れの問題」「環境問題」ぐらいである。

それらは、全て既存の知識から出てきたもの。しかも、それらは、200人近くいる学年の中で数人の子から出された意見でしかない。

ほとんどの子は、途中で飽きて遊んでいるのだ。このような子どもの事実は無視される。

> 充分な知識や技能がない状態で、問題解決の過程を踏まえた学習はほとんど意味をなさない。

この当たり前のことが、総合的な学習が始まったとたんに、「問題解決の学習過程」という名目で軽視されるようになる。

誤解のないように言っておくが、私は問題解決の学習過程が良くないと言っているのではない。

問題は、極端に針が振れることであって、要はバランスなのだ。

アクティブ・ラーニングによって、これらと同じような現象が、全国の現場で起こると予想される。

2 ラーニングピラミッドへの対策

アクティブ・ラーニングの提唱で、まず目玉として取り上げられるのが、ラーニングピラミッドである。

1　講義を受ける　5％
2　資料や本を読む　10％
3　視聴覚を使う　20％
4　実演を見る　30％
5　他者と議論する　50％
6　実践による経験　75％
7　他者に教える　90％
（訳は小野）

学習の定着度を表すものとしてよく使われるもので、右のような％でピラミッドになっている図である。

このラーニングピラミッド自体は、研究の世界では批判されている。

詳細は省くが、数値がこのようにきれいに揃っていることはあり得ないし、証拠となるデータが存在していないということなどから、信用に値するものではないのである。

しかし、今後、このラーニングピラミッドが、教育現場での指導の強制を生む可能性が高い。

例えば、「他者に教える」ということから、極端なグループ学習の推進が考えられる。

何でもかんでも「話し合い」を重視するような学習スタイルである。

これを推し進めれば、発達障がいの子は当然混乱をきたす。

そもそも、グループでの話し合いというのは、発達障がいの子にとっては難しい。

バラバラとした情報を処理するためには、多くのワーキングメモリの力を必要とする。

さらに、わからない問題を一方的に教わる立場になりやすい。

教師の説明でも難しいことを、子ども同士の教え合いでわからせようというのは安易な方法である。

さらに、発達障がいの子の多くは、IQがある程度高いので、プライドが高い。よって情緒的なこじれを起こしやすい。

つまり、よほど考えて取り入れないと、グループ学習は難しいのだ。

それを安易に、「話し合いが大事だ」とグループ学習を推進することは危険なのである。

これも、最初に述べた問題解決型の学習と同じで、バランスが大切なのである。

このラーニングピラミッドは、「学び合い」や「算数の問題解決学習」を推進する教師が、根拠として使う可能性が高いと予測している。

特に、「学び合い」の学習では、常に「コの字型」や「班の形」の席を推進する。

子どもの視野は、概ね90度しかない。常にコの字型の席にすることは、子どもの学習を困難にさせる。

このラーニングピラミッドへの対策が、どの現場でも必要である。

（岡山市・芥子山小学校）

「わかんない」と言うのは、教師の発問・指示に原因がある

原因を考え、対応につなげる

齋藤一子

1 「わかんない」と叫ぶ

「これからは、アクティブ・ラーニングが重要だ。」と伝わっている。しかし、中には「学び合い」や「一時間に一問やるだけの問題解決学習」が「アクティブ・ラーニング」である、というような解釈が行われる。

するると、どうなるか。「わかんない」という言葉が子どもから発せられる。突っ伏す子が出てくる。

教師の言っていることがわからないから、「わかんない」と言う。正直な反応であり、本来問題行動ではない。しかし、「うるさい」などと感情的に注意していれば、子どもはますます叫ぶようになっていく。

「わかんない」と言われた発問や指示を、次の点から見てみる。

①視覚・聴覚両面から入力しているか。
②ワーキングメモリの少なさに対応しているか。
③作業の質と量に配慮しているか。
④余計な刺激を排除しているか。

2 視覚・聴覚両面から入力する

音声だけの発問・指示で視覚優位の子には、音声だけでは伝わらない。逆に、予め模造紙に書かれた課題を黒板に貼っての課題提示。音声優位の子には入ってこない。「わかんない」と言うのは当然の事と言える。そこで、「そうか、わかんなかったね。」と言う。音声だけの発問・指示だったなら、発問・指示を板書する。さらに読ませる。逆に、課題を貼っただけなら、教師が範読し、子どもにも読ませる。そうすることで、目からも耳からも入力されていく。

3 一時に一事、繰り返す

発達凸凹のある子は、一度に多くの指示を理解することができない。脳に一時的に留めておく記憶を「ワーキングメモリ」と言う。その容量がとても少ない。例えば、「教科書の三五ページの三番の問題をノートにやりなさい。」といった指示を一度に言っては、当然「わかんない」となる。

長い発問・指示を言ってしまったら、「一時に一事」に分解して言う。

「教科書。」（教科書を見せる。）

「三五ページ。」

「三番の問題。」

「ノートにやります。」

というように言う。

際立たせたい発問や指示は、言葉を変えずに繰り返す。

「教科書。」「教科書。」「教科書。」

と言うようにである。

繰り返すときには言い換えてはならない。例えば、「なぜですか。」を「どうしてですか。」と言い換えてしまうと、別な指示として混乱する子も出てくる。言葉を削り、言葉を吟味しなくてはならない。

4 細分化する

「わかんない」と子どもが言うとき、作業の内容や段階が細分化されているのか、再確認する必要がある。

向山氏の『くっつきのを』の実践では、教師がバケツにタオルを入れてみせる。その後、黒板に「たおるをいれた」と二行で板書がされる。

「これでいいよね。」と聞かれ、子ども達は「ちがう！」と熱中する。「たおるのほうにつくの。」と子どもが言い、「たおる　を　いれた」と三行にする。さらに「たおるの下です。」と子どもが言うと、「たおる」と書いたずっと下に「を」を書く。「たおるのすぐ下に書くんだよ。」と、子どもが熱中して言う。「を」が、「たおる」にくっつくことを意識できる組み立てである。

易から難へと変化をつけた繰り返しで、考えるポイントがぐっと絞られている。

『かける』の実践では、「…をかける」という文をたくさん書き出させる。そして、それらを分類させる。

列挙する段階と分類する段階を分けることで、発達凸凹のある子もやることが明確になる。

5 例示・写す

考えた子に言わせる、できた子に書かせる、やらせるといった例示で、やっているうちにわかっていく場合がある。「写すのもお勉強」と常に言い、「写す」のも大切な学習行為であることを教えていく。

6 向山実践は問題行動が起きない

向山実践を追試すると、子どもは熱中する。発達凸凹のある子も活躍する。「わかんない」と子どもが言うのは、授業行為にさまざまな我流があるといえる。子どもの姿から原因を探る。そこが出発点だ。

（新潟県三条市・井栗小学校）

アクティブ・ラーニングの各段階における学習技能をはっきりさせる

日頃からのスキル指導が大事であり、間違った成功体験を与えないようにする

五十嵐勝義

1 誤学習が起こる要因

発達障がいの子どもは、誤学習を起こすリスク要因がある。何もしないで放置すると誤学習をしてしまう可能性が大きいということだ。

誤学習を起こすと、なぜいけないのか。それは、誤学習が問題行動につながるからである。自分の知っている方法にこだわり、結果として逸脱行動や問題行動となるからである。

なぜ一つの方法に固執するのか。それは過去において「自分にとって都合のよい結果」がもたらされたからである。たとえば、ふざけた発言をして周りが笑ってしまうと、それが嬉しくて、次の機会もふざけてしまうといったことである。

ではなぜ発達障がい、特に自閉症の子どもは、そのような誤学習を起こしやすいのだろうか。杉山登志郎氏は次のように解説する。

> 健常と呼ばれている人々とは異なった戦略で、いわば脳の中にバイパスを作って、適応を計るということをおこなっている。このときしばしば誤学習が入り込み、本人はそれに気づかないといったことが実にしばしば起こる。単純な例を挙げれば、人に評価されるためには目立つのが良いことと、無理をして役職に立候補しまくって、逆に顰蹙を買うといった例である。
> 『発達障害のいま』（講談社）

アクティブ・ラーニングを導入する際、こういった誤学習を起こす要因があることを前提に考えるとよい。

2 未学習、不足学習のスキルをはっきりさせる

「誤学習」に関わる周辺のことをいくつか挙げてみる。

①未学習…まったく経験がなく、何をどうしていいか分からない状態
②不足学習…経験が少なくて、まだ上手くできない状態
③誤学習…間違ったやり方が身に付いた状態
④過剰学習…③が「こだわり」までになってしまった状態

発達障がいの子どもは、その特性ゆえに、健常と言われる子ども達が当たり前に習得していくことが身に

付いていないことがある。

①や②の状態であることを放置したまま学習を進めると③④になる。

よって、アクティブ・ラーニングを進める際の第一のポイントは、

> 未学習、不足学習のスキルは何なのかをはっきりさせることである。

『課題を見付け、追求し、異なる意見を認め、まとめる』という五つの段階における学習スキルを明確にすることである。

「工業地帯の分布」の実践において向山洋一氏は、KJ法による情報収集・構成の方法を使わせている。

「課題を見付ける」段階では「①内部情報をカードに書く②親和性のあるカードを集めグループ化する③カードを構造図にあらわす」のような流れで指導している。

こういったKJ法に代表される具体的なスキルを指導するからこそ、そのあとの「課題の追求（この場合は仮説を考えること）」へと進めることができる。

まずは準備段階として、向山氏のような先行実践から、アクティブ・ラーニングを構成する学習スキルを抽出し、身に付けてないスキルは日頃から指導していくとよい。

3 間違った成功体験を起こさせない

第二のポイントは、

> 間違った成功体験への対処である。

アクティブ・ラーニングの中で、変な成功体験を与えてしまう場面が想定される。先に挙げたようなふざけた発言をしたら周りが笑ってしまい、嬉しくなるような場面である。これは瞬時に評価と短い説明をする必要がある。教師が見過ごすから誤学習してしまうのである。日頃からふざけた発言の制御も必要であるが、誤学習している場合は、叱責せず、その場でどうしたらいいかを示す。基本はモデリングであり、良いのか悪いのかの評価を分かりやすく提示する。できたとき、やろうとしたときに、ほめるのも大事である。

以上、誤学習させないでアクティブ・ラーニングを進めるには、

①未学習・不足学習のスキルについて明らかにし、最初に教える。

②誤学習から来る問題行動に注目するのではなく、その場面でどうすればいいのかモデルを示す。

③評価を分かりやすくし、ほめる。

誤学習の反対は、成功体験である。発達障がいがある子どもにとって、正しいモデルを基に成功体験を積み重ねることが、アクティブ・ラーニングにおいても基本である。

（富山県・となみ東支援学校）

全員参加のアクティブ・ラーニング

知識や情報の差があっても一緒に学べる

小室由希江

1 説明なしで能動的な学習にする

アクティブ・ラーニングを行うには、全ての子ども達が同じ知識や情報をもった上で学習できるようにするのが必要である。土台となる知識や情報の共有がないまま実践すると、基礎的な力が定着していない子達の参加が望めない。

必要な知識を教え、技術を習得した上で行うのなら、効果的な学習となる。

例えば、作文指導。「工夫して書きなさい」と教師が指示を出したとしても、工夫できる子どもはわずかだ。

作文の得意な子が数人ささっと書き上げて持ってくるが、苦手な子はなかなか書き進めることができない。

向山型作文指導では、まず全体に基礎的な指導を行う。「書き出し」の授業が知られている。

> 書き出しの一文を書いたら持ってきなさい。

持ってきたノートを見て、個別評定していく。このときには、面白いものは少ない。子ども達に基礎的な力が身についていないからだ。

次に、子ども達の出だしと過去に担任していた子ども達の出だしを交互に読んでいく。

それを聞きながら、子ども達はどういう書き方がよいのかを考える。そして、自分の作文の書き出しを振り返り、修正しようとする。

> 説明しない

説明しないことで、子ども達は作文の出だしのコツを見つけようとする。説明しないことで、能動的な学習態度を引き出す。

2 体験させる

体験活動自体が、既にアクティブ・ラーニングである。しかし、ただ体験に終わらせず、疑問や課題を見つけさせたり、考えさせたりする体験にしたい。

以前、六年生の理科で、地層見学に行った。

「洗濯岩」は、泥岩と砂岩が重

なっていて、泥岩層がやや侵食されて引っ込んだ凸凹によってできている。

一般的な説明では、「泥岩は直径0・06㎜未満のもの、砂岩は直径0・06㎜～2㎜のもの」とあった。子ども達には、ピンとこない。

見学では、島根大学の松本一郎氏の実践を修正追試した。

指示　よく見ると、二種類の石があります。見つけてごらん。

「二種類」を見つけるために、子ども達は真剣に観察した。

発問　どう違いますか？

子ども達は、「色が違う」と答えた。

発問　どんな色ですか？

これも子ども達なりに考え、「薄い灰色と濃い灰色」「ちょっと赤っぽい灰色」などと答えた。

発問　違うのは、色だけですか？

子ども達は、また岩を比較しだした。「触った感じが違う」という子がいた。

指示　二種類の岩について、色と手触りを記録しなさい。

記録の時間をとった後、発表させた。「砂岩は、白っぽく、ざらざら・ガサガサ。泥岩は、茶色や黒っぽく、サラサラ・つるつる」に落ち着いた。

この活動で、全員が砂岩と泥岩を見分けることができるようになった。

3 話し合いに参加する発問

砂岩と泥岩が見分けられるようになった子どもたちは、自分達で地層が斜めであることに気づいた。

砂岩と泥岩がわかったことで、地層についての理解がぐっと進んだ。

「化石は、砂岩にあるんですか？泥岩にあるんですか？」と、子どもから質問が出た。

発問　化石は、砂岩と泥岩のどちらの中にありますか？

予想させ、その理由を発表させた。

「アサリは砂の中にいる」「泥岩が柔らかいから、泥岩の方にある」など、子ども達らしい考えが出た。

二つに分かれる発問をする

勉強が苦手な子も、選択にすると参加できる。答えがすぐに確定するようなものではなく、両方考えられるものだと盛り上がる。

さらに、理由はそれぞれがなぜそう考えたのかを言うのだから、全て認める。

時には片方の意見が劣勢になることもある。

普段の授業から間違いや少数派になることを恐れない雰囲気を作っておくことが必要だ。

（島根県松江市・島根小学校）

能動的学びを促す子どもの実態に応じた自作教材

効果のあった『位置のスライド板』

武井　恒

1 特別支援教育とアクティブ・ラーニング

アクティブ・ラーニングのポイントは以下の点だと考える。

能動的な能力の向上

つまり、自ら動いて学んでいく力をつけていくことである。

「何を教えるか」という知識の質や量の改善はもちろんのこと、「どのように学ぶか」という、学びの質や深まりを重視することが必要である。

特別な支援がより必要な子どもは、「能動的な能力の獲得」を誰よりも必要としている。

例えば、自ら課題に取り組んだり、自分の気持ちを表現したりする力である。

できることを増やしたり、協力や支援を受けたりするために、能動的に「物や人に働きかける能力」は、障がいをもった子どもたちにとって、必要不可欠な力である。

障がいがあるために、どうしても受動的になってしまうことが多い。能動的に学んでいく力をつけるためには、低学年の段階から将来を見据えた指導が必要である。

2 教材教具とアクティブ・ラーニング

特別支援学校では、子どもの実態に合った教材教具を自作している。自作教材を通して、子どもと向き合い、信頼関係をつくっていく。

その際、能動的な学びを促すために私が教材作りで大切にしている点は、以下の5点である。

①使い方が分かりやすい。
②答えが分かりやすい。
③思わず触りたくなる。
④繰り返しやりたくなる。
⑤教師とやりとりできる。

私は、今までいくつか自作教材を作ってきたが、うまくいかなかったものも多々ある。

それは、子どもたちが「一目見てやり方が分からないもの」と「触ろうとしないもの」である。

そんなとき、子どもたちは教材を

見ても反応しないし、拒否する（教材を投げてしまう）こともある。

まずは、教師が指示しなくても自分から触りたくなるような教材が必要である。そのためには、素材、大きさ、色、質感、形等、様々なことにこだわらないといけない。

また、その教材でどんな力をつけたいのか、明確なねらいも必要である。

低学年の段階から日常生活に活かす視点をもち、教科の学習だけに留まらない長期的な視点が大切である。

3 効果のあった自作教材「位置のスライド板」

知的障がいをもったT君（小学部2年）に、効果のあった教材が「位置のスライド板」（写真）である。

ねらいは、上、下、左、右の概念を形成することである。

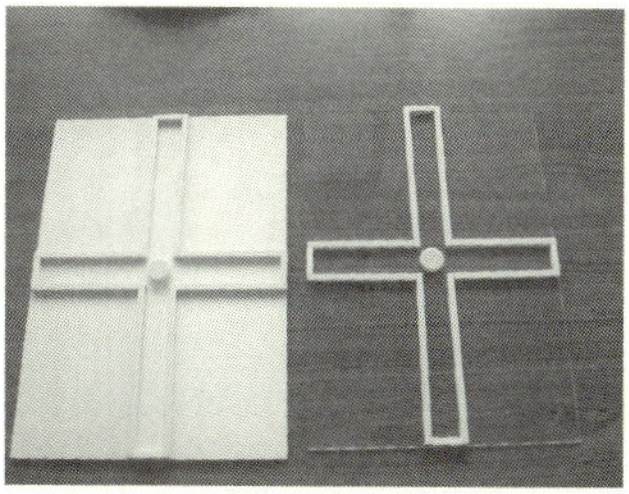

位置のスライド板

使い方は、以下のとおりである。

①教師が、見本（木板）のマグネットを真ん中から上、下、左、右のいずれかの方向に動かす。
②アクリル板を提示し、子どもに同じ位置にマグネットを置くよう促す。
③答え合わせとして、アクリル板を木板に重ね、磁石がくっつくことで同じ位置であることを確認する。

T君は、すぐにやり方を理解し、磁石を動かした。上下は難なく理解できた。しかし、左右の理解が曖昧だった。日常生活でも左右の靴や方向を間違えることもあった。

繰り返し取り組む中で、次第に左右も間違えずにできるようになった。それは、答え合わせのときに、「正解であれば磁石がくっつく」ということが分かりやすかったからである。

アクリル板を重ねた時に、磁石がくっつかないことに疑問を感じ、自らやり直しをして正解を導き出せるようになった。

このように、自ら考え、間違いに気づき、修正できる力が発揮できたのは実態に合った自作教材だからである。

T君は、この教材を通して上下左右の概念を獲得し、日常を生き生きと過ごしている。

能動的な能力は、実態に合った教材でつけることができる。

（山梨県・かえで支援学校）

「わくわく絵のれん習ちょう」を使い、途中で鑑賞会を入れることでALを実現

描画指導のアクティブ・ラーニング五段階

上木信弘

発達障がいの子どもにも有効な、アクティブ・ラーニングを実現する教材は、

酒井式描画教材「わくわく絵のれん習ちょう」（正進社）

である。

1 人の動きを生き生き描ける教材

「わくわく絵のれん習ちょう」は、

多様な人間の動きを描くことができるように、レッスン一から八までスモールステップで組み立てられている。

レッスン一では、人間の描き順を覚えながら描いていく。頭、胴、手、つなぎ、足、つなぎ、服の順である。

お手本が載っているので、どの子も安心して描くことができる。

レッスン五では、手と足の描く位置が変わる。高さを揃えないように描く。踊っている人間を描くことができるようになる。

レッスン八になると、逆立ちのポーズを描く。レッスン七まで、いろいろな形態の人間を描いてきたので、抵抗感が少ない。驚くほど、スイスイと逆立ちのポーズを子どもたちは描くことができる。

レッスン八まで練習すると、上のような、様々な動きを自由自在に描けるようになる。

2 A君の変容

四年生担任の時、ＡＤＨＤと診断されていたA君を担任した。A君は学力が低く、作文や絵画などの表現活動を苦手としていた。

「わくわく絵のれん習ちょう」を配布した後、レッスン一では、私は、人間の描き方を黒板に描いてみせた。

さらに、どの順で描いたか復唱をさせた後、テキストに描かせた。

子どもたちは、シーンとなって取り組んだ。描き方がインプットできたから、テキストにお手本があるからである。

A君は、次頁の絵を仕上げた。A君は、描き順を守って、丁寧に描いた。私は、「丁寧に描いている。A君、

いいぞ」とほめた。

その後のレッスンも、黒板に描いた後、描き順を復唱させてから、テキストに描かせるという流れで、授業を進めた。

レッスン五では、A君は、下の絵を仕上げた。線はやや粗雑だが、描き順を守って、動きのある人間を描いた。私は、「A君、踊っている子を描けたね。すごい。次に描く時は、『かたつむりの線』でゆっくり丁寧に描くんだよ」と言った。

3 アクティブ・ラーニングを実現

向山洋一氏は、①課題の発見、②課題の追求、③討論、④異なる意見を認める、⑤まとめる、の五段階でアクティブ・ラーニングの学習過程をまとめた。

「わくわく絵のれん習ちょう」を使う場合、次のように授業を進める。

レッスン七では、「クロール」をしている人間の描き方を学ぶ。お手本を見て描いた後、画用紙を配布して指示した。

「多くの人が水泳・水遊びをしている絵を描きます」

子どもたちは、レッスン一～七まで、多様な人間の動きを描いたので、描き方が分かっている。工夫しながら、楽しそうに描いていた。五段階の①②の段階である。A君は、下の絵を仕上げた。

この後、クラス全員で、みんなの絵の好きなところを言い合う鑑賞会をした。A君の絵について級友から「クロールの子の足が長い分、よく動いているように見えます」とほめられた。このように言い合うことで、子どもたちは構図や動きなど他の表現の工夫が分かる。④の段階である。
その後で、レッスン八をする。逆立ちのポーズの描き方を学ぶ。その後で、別の画用紙に、みんなで楽しく遊んでいる絵を描かせた。A君は、次の絵を仕上げた。前回の時に見た級友の絵や今回の逆立ちの描き方を生かして、丁寧に描いた。⑤の段階である。
以上のように、「わくわく絵のれん習ちょう」を使って、途中で鑑賞会を入れることで、アクティブ・ラーニングを実現できる。人物の描写力もさらに高まる。

（福井県越前市・国高小学校）

向山実践の原理原則

向山洋一

一、

法則化運動は、江部氏、樋口氏という、たぐいまれな編集者との出会いから動き出した。当時お二人がいた明治図書から、次々に出版され、教育界始まって以来のベストセラーを何十冊、何百冊と刊行していった。教育雑誌も、五種を刊行した。

　教育界に大きな時代を築いた法則化運動は、お二人が明治図書を離れ、年代がかわっていくと共に変化していった。明治図書は、「向山実践」は、過去のものとして考えるようになっていった。

　その時、別の編集者と出会った。角川書店で「角川学芸出版」を立ち上げ、大きな出版社に育てあげた青木社長との出会いである。青木社長は、角川を離れ「学芸みらい社」を立ち上げた。

　TOSSの出版物は、青木社長の手にゆだねられた。そして、数年。昨日、すばらしい報告が届けられた。

　超大型書店の教育書担当の方とTOSS教師との会話である。大型書店に自著の売り込みに行った先生が書店の担当者と話した。


〈「どちらの出版社さんですか」

「学芸みらい社さんです」

「最近、明図よりも売れるんですよね」

「え！　どの本ですか？」

「これです」

向山先生の新書でした。

面陳列。

さらに、「これも出ているんですよね」

と新法則化本。

「そうですか！　理科は私も執筆しているんです！」

「えっ！　そうなのですか」

お礼を言って、後にしました。

もちろん、新法則本も各教科、しっかり並んでいました。〉

　内容のある本は、時代を超えて人々に訴える力をもっている。

二、

　広島の笠井美香先生が次にあげる一文のなかで、私が三十四才の時に書いた学級通信を紹介している。教育の仕事は、年代を超えて次の世代にうけつがれていく。

〈**「教育は舞台芸術に似ている。」**

　2年前、学校中を震え上がらせたKくんが受かった。

　今日は、理科の時間と体育の時間に荒れた。私が見に行くとおとなしくなった。


「Kくん。受かっているから安心して授業を受けます」

と言っても、専科の授業のときは「うーうー」言って歩き回った。


そして、放課後、お母さんの弾んだ声。

「受かりました――。先生、ありがとう‼」と。

　この頃は、私が一言言うと、「おっしゃ

る通りでございます」と言ってがんばっている。

2年前は、私を「くそばばあ」と言い、お腹をけったKくん。良かったなと思う。「悪魔の世界から笠井先生が救ってくれた」と卒業文集に書いているがすぐに救ってあげることができたわけでなく、山あり谷ありで何度も悲しい思いをし、自分の力のなさを責め、力をもらいたいと何度も思った。

熱海合宿でTOSSメディアの更新をしたときにいただいた『向山洋一実物資料集 学級経営編学級通信「スナイパー」』1977年6月15日号に以下のように書かれていて感動して3回は読んだ。

50号に寄せて

◇教育は舞台芸術に似ている。映画や文学や絵は、残すことが可能だが、修正も可能だが、教育はそうではない。線香花火と同じで、すぐに消えていってしまうのである。なくなってしまうのである。三代目の教育は、かつて二年間しか存在しなかった。現在、どんなに手を尽くしても再現することはできない。むろん個々人とのつながりはあり、それは承知の通り現在も生きている。しかし、それは三代目の集団が展開したドラマチックな教育とはちがう。卒業式、最後のエトセトラに「6の2のすべてを終る」と書いたのもそうした意味である。

◇この「5の1」の教育も、あと1年数ヶ月しか存在しない。やがて「ぼくをぬくほどの人間に、ぼく達の生活を単なる過去とするような、そんな豊かな人生を創れ」と言って追い出すことであろう。四代目の教育は、永遠に存在し、永遠に続くものではない。

◇教育とはそういうものである。一回かぎりで消えていく宿命を持っているものである。いつまでも、べたべたした関係を存続させることではなく、教師をぬくほどの人間を育てることである。消えゆくものでありながら、のりこえられることを願いながら、なお必死になる教師の淋しさを、わかっていただけるだろうか。

◇ぼくは、消えていく芸術に、命を刻みながら、神経をはりつめ、立ち向かう。のりこえられまいとし、のりこえられるに値する教師になるために必死に努力をする。人生は遊びでないのと同様に、教育はママごとではない。「すべての分野で先生にかなわない。いつの日か一つの分野でもぬけるだろうか」と三代目のある子は残していった。

◇この二ヶ月有余。このクラスでは、たくさんの人間が変わった。よく耳にもする。「子供が変わりました」と。誰が一番変わり、誰が一番成長したのだろうか。これだけは自信をもって答えられる。一番変わり、一番成長したのはぼくだ。教師自身だ。教師としてのぼくが、そのもてる力量のすみずみまで、幹も枝も小枝もそして葉っぱも葉っぱの先についたチリクズまで、点検され、問いつめられた事は、今までになかった。ぼくは教師として、更に成長した。

◇そうした場を与えてくれた芝原を始めとする34名の子ども達に、心から感謝をささげ、50号の言としたい。

本当にそうだ。一番変わったのは、私だ。TOSSでなかったら、私はどうなっていたことだろうか。恐ろしい。

朝、学校の3人の先生から上品な紅茶の詰め合わせをいただいた。手紙がついていて、「笠井先生。この一年間、TOSSのことを教えてくれてありがとうございました。また来年も教えてね。ありがとうの気持ちを込めて高級紅茶をどうぞ」と。

教育は舞台芸術に似ている。

線香花火と同じですぐに消えていってしまうものである。

消えていってしまうものではあるけれども、心に残り伝えられ、広まっていくことができるように高めていく。〉

こんな高いレベルでの授業批評は初めてだ もうないかもしれない

計算スキルの最後、子どもから歓声があがるようにしなきゃ

木村重夫

1 授業ヘッタクソだなあ

岩切校長先生の小学校で4年算数「概数」の飛び込み授業をした。韓先生が通訳され、韓国の先生方が多数参観された。向山洋一氏も参観された。

授業後の協議会の開始前。すぐ隣に座られた向山氏が私に笑顔で、しかし鋭く言われた。

> 木村、おまえ、授業ヘッタクソだなあ。

TOSS-SNSで、向山氏は以下の発言をされた。

> 授業が粗いんだ　いい気になってんじゃないかなあ　木村はまじめな男だよ　勉強家でもある　しかし　ほんのかすかな行為が　ずれてんだ　今度映像を見ながら言ってやろう　木村も反論したいだろうからね　但しね　数十名の韓国の先生方が感動した授業なんだよ　初段　二段程度の　授業とはレベルが違うよ　そこら辺は誤解のないようにね。
>
> （TOSS-SNS2014年01月）

「授業が粗い」「いい気になっている」「かすかな行為がずれてる」重い言葉が脳裏を迷走する。

2 授業全体の組み立てがカギ

向山氏はキーワードを言われた。

> 木村八段のへったくそは、部分的な間違いではない。教材研究の不足でもない。そういうのは、五段以下のレベルの話だ。木村八段の1時間の授業全体の組み立てに関わることなのだ。
>
> （同上）

キーワードは「1時間の授業全体の組み立て」だ。授業全体を大きく「鳥の目」で俯瞰しなければならない。

> それじゃあ　木村の授業批評をしよう　こんな高いレベルでの授業批評は初めてだ　もうないかもしれない　誰の授業でもいいというわけじゃない　七段　八段クラスの授業じゃないとだめなんだ　せめて五段は超えてないと批評の

対象にならない　中学生のサッカー選手の批評と本田のプレーの批評とは違うでしょう　それと同じだ　個々の問題点ではないんだ
　本田には試合全体の組み立てによる自分の動きの批評だ　木村には授業全体の組み立ての中の木村の行為の批評だ　（同上）

凄いことになってきた。こんな「幸運」は皆無と言ってよい。大きなセミナーで模擬授業をしても向山氏から本格的に「授業批評」されることはない。

そもそも子ども相手の45分間の授業を向山氏の前でできる機会などないのだ。

3　つまずく子を見逃していた

向山塾での「木村の授業」批評の場面で、向山氏は参加者に「質問」を考えさせた。「この授業全体の構造を分析できる、あるいは追求できる質問」である。

向山氏の第一の質問は、授業の最終場面に関する質問であった。

なぜ、計算スキルの最後に、「やったあ」の歓声が出なかったのか。

実に明快な質問である。つまり、「概数の表し方」がよくわからない状態の子が多かったのだ。つまずく子の存在を見逃していたのだ。

向山氏の第二の質問は、さらに授業をさかのぼる。

なぜ小さな列ができたのか。

子どものノートには、予想以上に間違いが多かった。

焦ってきた私はついつい「説明」してしまった。だから列になってしまったのだ。

今、冷静に考えれば、「全員、席についてごらん」と指示して、もう一度『までさん』による概数の表し方を復習すればよかったのだ。

この授業の一番のポイントは、『までさんの書き方』であった。①位取りがわかり、②『まで』の数字を決め、③一つ下の位の数字を□で囲み、④□の数字を四捨五入する手順が難しいのである。そこを私は安易に粗くやりすぎた。いちばん大切なことをゆっくりやって、一人一人確認すべきだった。

今、アクティブ・ラーニング（AL）が話題となっている。しかし、私の実感で言えば、算数授業の九割はALの授業ではない。ALを成立させる土台としての、基礎学力の習得だ。教科書を全員にきちんと教える。その上で、ALの授業を追求する。

向山氏から原点を学んだ。

（埼玉県皆野町・皆野小学校）

授業改革なくして荒れは鎮まらない

長谷川博之

一　自己肯定感の育成を狙って現状にメスを入れる

崩壊校にはシステムがない。属人的で場当たり的な仕事のオンパレードである。だから荒れる。

荒れの原因は大別して四つある。

ひとつ、生徒の理解を度外視した一方的かつ強引な授業である。

ふたつ、「中学生らしくしろ！」に代表される、どう行動すればよいかを教えずに注意叱責する指導である。

みっつ、「自主性尊重」という名の指導放棄である。

よっつ、担当教師の所有欲と自己顕示欲を満たすための勝利至上主義型部活指導及び行事指導である。

問題は多岐にわたるが、根は共通している。

> 生徒の自己肯定感を傷つけていることである。

生徒の自己肯定感を傷つける「指導」は、指導ではない。それを教育とは言わない。

なぜ、自己肯定感を下げてはならないのか。一つだけ言うならば、二次的障害が生じるからである。結果として、その生徒の人生が崩れてしまうからである。

このことを理解せずに、日々該当生徒の自己肯定感を傷つけた結果として、周りの教師や専門医さえも手がつけられない状態に陥っている事例が全国に山ほどある。

「自己肯定感」をキーワードに、いま述べた四つの問題にアタックする。これが私のやり方である。

二　授業改革で荒れに立ち向かう

学校の教育活動の中心は授業である。一日八時間学校にいて、そのうち六時間は授業である。この六時間で生徒に「楽しい」「わかる」「できる」を保障せずして、授業で自己肯定感を高め、生きる気力を育まずして、他のどこをどういじってみても、課題を背負う生徒が向上的に変容することはない。

特に、幼少時からの不幸な出来事や誤った教育、特性の無理解による不適切な対応で自己肯定感を傷つけられた生徒は、刹那的な生き方をする者が多い。こだわりや決めつけが強い。自分に損になることも平気で繰り返す。周囲の人間にもつらく当たる。中には嫌われることを進んでやって、孤立していく者もいる。明らかに間違った行為であるのに、指導されても止められない者もいる。

そのような生徒を授業で活躍させる。

日常生活では褒めるところが難しい生徒達であっても、毎回新たなことを学ぶ場である授業においてならば、教師が指導法を工夫することでスポットライトを当てることができる。小さな成功体験を数多く保障することができる。これが立て直しの第一歩だ。

「今日の授業、面白かったです」「苦手だったけれど、できるようになりました」という変容の事実を積み上げる。そのために、我々教師は学び続ける必要がある。まずは自分が変わり、結果を出すことが求められる。

その端緒として、共に働く教師達の授業力を高め、学校の実態を「授業」で変革していくために、「職員模擬授業研修」を提案し、実施した。「授業の原則十カ条」をテキストに、学期に1回ずつすべての教師が授業をし、協議をする。私はすべての授業に代案を示す。全国の学校に先駆けて、このシステムを取り入れた。その研修会では、全国区の実践家によるすぐれた授業の紹介（映像、実演）や、すぐれた教材教具の使い方の実演等も行った。

この模擬授業研修と並行して、特別支援教育の研修も年に最低2回ずつ行った。知識研修に留まることなく、実際の対応力を高めるために、実技研修を多く入れた。

模擬授業研修と特別支援教育研修。ふたつをリンクさせることで具体的な支援の知識と対応力を身につけつつ、要支援生徒に学力を保障するための授業力を高めることを狙ったのである。当然ながらＷＩＳＣやＫ‐ＡＢＣ等を用いて発達のアセスメントについても研修した。確かなアセスメントがあって初めて適切な対応が為されるからである。

学級経営や生徒指導、学校教育相談等の分野に関する研修も当然大切だが、まずは右の二本の柱を打ち立て、「役に立つ」研修を積み上げて教師集団の実力を高める。授業が安定してこそ学校が安定するからである。

事実、教師が学ぶほど、生徒の実態も変容していった。

（埼玉県秩父市・尾田蒔中学校）

指導のねじれが誤学習を生む

小野隆行

1　典型的な対応の失敗例

支援員さんが廊下で4年生ASDの男の子に指導していた。最初は素直だった男の子が、最後は文句を言ってその場を去って行った。

これが、典型的な対応の失敗例だった。

ちなみに、この支援員さんは、ベテランでとても対応が上手な方。

しかし、後で聞いても、なぜ失敗したのかはわからないと言う。これが問題なのである。

では、どこが典型的な失敗なのだろうか。

この男の子は、反抗挑戦性障害があり、コミュニケーション能力も低い。相手の意思が表情から読み取れないことも多い。しかし、この支援員さんとはよく交流があり、嫌ってはいない。

支援員「A君、（支援員の）K先生を鉛筆で刺してるんでしょう」
A君「うん」
支援員「いけないでしょう。K先生、すごく痛がってやめてほしいって言ってたよ。謝った？」
A君「いいや」
支援員「どうするの？　K先生、怒ってたよ。ゆるしてくれないよ」「ゆるしてくれなかったら、もうお世話してくれないよ。お世話してもらえなくてもいいの？」
A君「ええよ！」
支援員「いいの？　K先生いないと困るでしょう？」
A君「別に困らん！　いなくてもいい」

支援員さんは、怒って去って行った子を見て、「なかなか、あの子は素直になれない」と思っていたそうだ。

同じようなやりとりは、担任も生徒指導も管理職もよくやっている。どこの学校でもやっている。

しかし、この失敗の意味がわからないと、特別支援教育などできないのである。

どこが失敗なのだろうか。

2　指導のねじれが誤学習を生む

どこが失敗なのかというと、「指導がねじれている」ことにある。つまり、これでは子どもにとって学習にならないのだ。逆に誤学習をさせていることになる。
支援員さんの指導は、簡単にするとこうだ。

鉛筆で刺す→K先生にお世話してもらえなくなる

これでは、「K先生にお世話してもらうために、刺さない」ということを学習させようとしていることになる。
これはおかしい。正しくはこうならないといけない。

鉛筆で刺す→わざとでなくても、ちょっとでも、理由があってもやってはダメなこと

このような指導のねじれを、本当によく学校現場で見かける。しかし、結局は子どもが悪いとなるのだ。
大人の対応で、どれだけ簡単に誤学習が行われているのかがよくわかるだろう。
この後、小野がこの子に対応した。

小野「A君、こっちきて。まじめな話。他の人に聞かれたくないから小さい声で言うよ」
A君「うん」近くに寄ってくる。
耳元でささやくように話す。目線は合わせず、同じ方向を向いて、小野はかがんで話す。
小野「小野先生、聞いたんだけど、A君はK先生を鉛筆で刺してるんだろう」
A君「うん」先ほどよりは神妙に聞いている。
小野「冗談でもわざとじゃなくても、絶対にダメなことだから、もうやめな」
「軽くやっても、傷がついたり、鉛筆の芯が中に入ることがある。そうなったら、「事件」になって、ごめんなさいではすまなくなるよ」「だから、もうするなよ」
A君「うん、わかった」
小野「よし、じゃあ、K先生にも他の先生にも、そう言っておくからな。鉛筆でつつくだけじゃなくて、ペンでも他のものでもダメだよ。全部、暴力になるからな」

その子は、ハイと返事をして教室へ戻っていった。素直な態度だった。
対応や指導のねじれが子どもの誤学習を生むのである。

（岡山市・芥子山小学校）

日本郵便と連携した手紙の書き方体験授業の広がり

戸村隆之

1　郵便教育の広がり

日本郵便が毎年「手紙の書き方体験授業」として、全国の小中高校に無料で手紙の書き方テキストと授業で活用できるはがきを配布している。

平成22年度からこの取り組みを開始し、平成27年度は小学校約１２０００校。中学校約３７００校。高等学校は、約１４００校で教材が活用されている。

ＴＯＳＳは、この全国的な取り組みが始まる前から年賀状教育にかかわるテキスト開発を行い、この手紙の書き方体験授業でも教材開発を行っている。

はがきの書き方は、学校教育でも極めて重要な内容である。この体験授業が始まったきっかけは、平成21年度全国学力・学習状況調査ではがきのあて名の書き方が出題されたことである。

基本的なはがきのあて名の書き方の問題だが、小学校6年生の約3分の1が間違っていたのである。

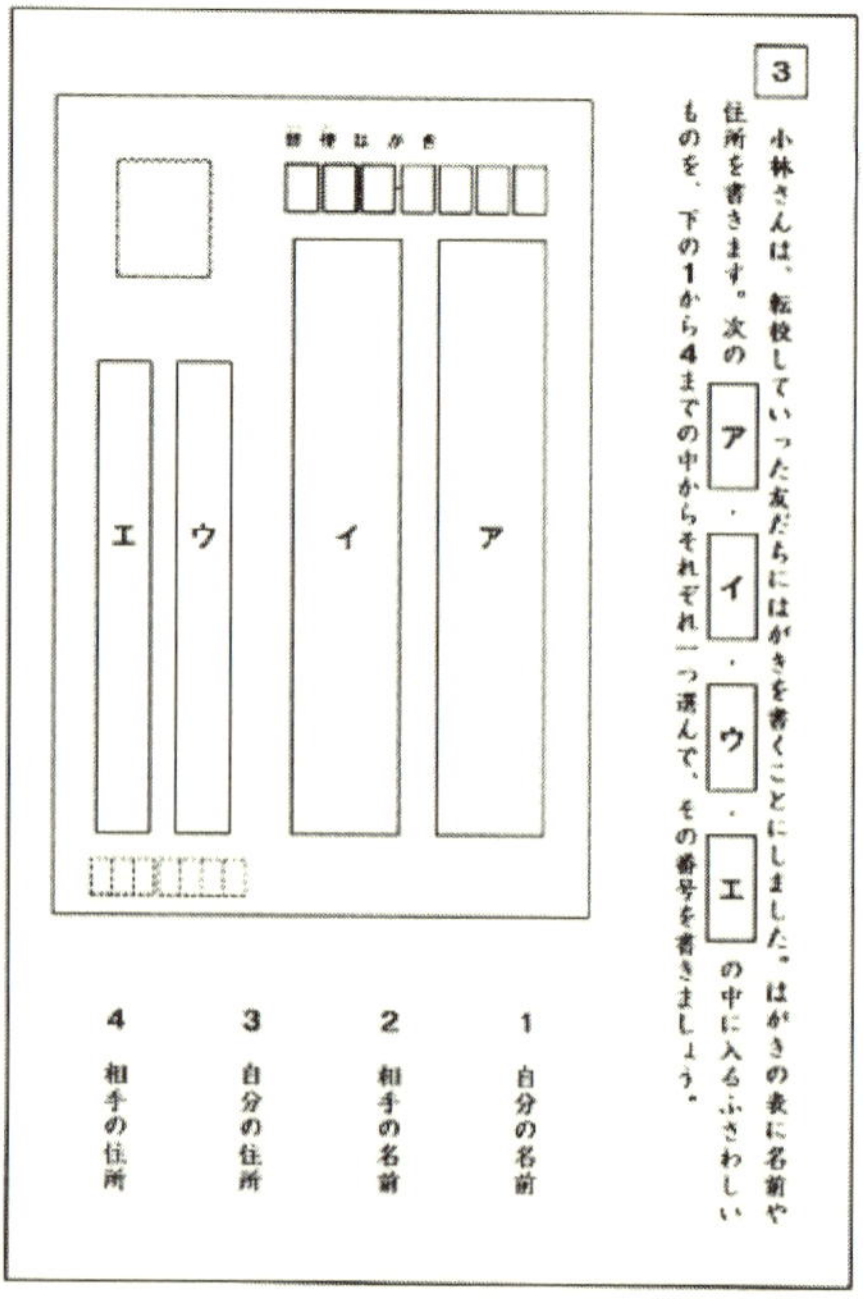
3
小林さんは、転校していった友だちにはがきを書くことにしました。はがきの表に名前や住所を書きます。次の ア ・ イ ・ ウ ・ エ の中に入るふさわしいものを、下の1から4までの中からそれぞれ一つ選んで、その番号を書きましょう。
郵便はがき
ア
イ
ウ
エ
1　自分の名前
2　相手の名前
3　自分の住所
4　相手の住所

国語の教科書でも手紙やはがきの書き方が扱われるが、その分量は多くはない。しかし、手紙やはがきを書く機会は学校の教育活動では多くある。

この教材が全国に広がっているのには、このような現状が背景にある。

連載

2　郵便局と教師が連携した社会貢献活動

郵便教育の広がりは、学校の授業だけに留まらない。全国のＴＯＳＳサークルと郵便局が連携した社会貢献活動も全国で行われている。

郵便局の施設をお借りして、手紙の書き方教室やチャレランなどの子供たちが体験できるイベント、郵便局内の見学など多くの地域の子供たちや保護者が参加するイベントが行われている。

ある県のイベントは次のような内容であった。

①郵便局長さんの話
②手紙の書き方教室
③チャレラン
④手紙の書き方と届け方の映像視聴
⑤郵便ポストに手紙を入れよう（ポストの中を見学）
⑥郵便局内の見学

参加した子供たちはもちろん、保護者からも好評の声をいただくイベントになっている。

郵便のプロである郵便局の方と教えるプロの教師が連携することで、子供たちが楽しく学べるイベントが開催できるのである。

このような連携は、全国各地で行われている郵便教育セミナーをきっかけに生まれている。このセミナーでは、手紙の書き方テキストの活用法講座。郵便をテーマにした、授業づくりの提案。そして郵便局と連携した社会貢献活動の実践報告が行われる。

このセミナーは、

教師と郵便局の方が参加する

ことが特徴である。日本郵便主催で、２０１６年も全国5月から9月にかけて各地方13会場で開催される。昨年度は、約１０００名の教員、郵便局の方が参加された。

是非、お近くの会場に参加していただきたい。

このセミナーが、郵便教育を各地で実践する最初の一歩になる。

※セミナーの情報は「ＴＯＳＳ最新講座情報」もしくは「手紙の書き方体験授業」ホームページをご覧ください。

（東京都目黒区・鷹番小学校）

どの子にも可能性がある一人の例外もなく

うまくいかないときこそ、自分の新しい可能性が見えてくる

堂前直人

一 教育の足跡

大学を卒業してから、もうずいぶんと時間が経った。

「先生のおかげで学校が毎日楽しそうです。」
「休ませようと思うと、行きたいと泣くんです。」
「先生と離れるのが嫌で、家で泣いているんです。」

そんな教師冥利に尽きる、嬉しい言葉もたくさんもらってきた。

その背景には、子どもたちとの様々なドラマがあった。

漢字テストで一〇点、二〇点だった子が、一〇〇点をとるようになった。家で勉強なんてしたことがないと言っていた子が、何回も練習してきた。

長縄では、四年生で、全校で一位をとった。長縄を跳べない子がいるところからのスタートだった。二分間で二六〇回を跳んでいた。

跳び箱を跳べない子は、毎年いた。四月の初めに「先生が跳ばせてやる。みんなの可能性はすごいんだ。」と宣言し、跳ばせてきた。

それもこれも、TOSSで、サークルで、教えてもらってきたことばかりだ。

どの子にも可能性がある。一人の例外もなく。

代表、向山氏のその言葉を信じ、今日までやってきた。

先日、初めての同窓会があった。

三年生、四年生の頃に担任をした子どもたちの卒業祝いの会だった。

四〇名の子どもたちが集まった。思い出を語らせた。

「自分たちで時間割を決めたのが楽しかった。」
「長縄で優勝したのが忘れられない。」
「パーティーが最高に面白かった。」

彼らにとって、義務教育六年の中の、たった一年間のことである。それでも、子どもたちの心には、私の教育が確かに存在していた。

二　学級崩壊の一年目

大学を卒業して、一年目。私は希望に燃えていた。しかし、その希望は簡単に打ち砕かれた。

「学級崩壊」

認めたくなかった。でも現実は厳しかった。日に日に子どもたちは荒れていく。うまくいくこともあるにはあった。でも、それ以上に、荒れは速かった。最初は、反抗的な子も、一人、二人だった。それがいつしか、三人、四人・・・ひどい時には、全員が反抗しているようにみえた。

「教師をやめよう」と何度も思った。そうやって、うまくいかないうちに一年目が終わってしまった。

三　どの子にも可能性がある　そうあなたにも

あれから長い時間が過ぎた。冒頭に紹介したように、私も少しはましな教師になれたらしい。

その理由は、二つだと考えている。

①自分のダメなところは子どもが教えてくれた。
②助けてくれる仲間（サークル）があった。

自分の悪いところは、いつだって子どもが教えてくれる。そこから目を背けずに、向き合ってこその成長だ。

自分が変われば、子どもも変わるのだ。

そして、どうやって自分を変えていけばいいのか、教えてくれる場が、「サークル」だ。授業の相談だけでなく、学級経営の相談、職員関係の相談にも乗ってもらえる。ぜひとも気軽に参加していただきたい。

ＴＯＳＳ全国サークル紹介ＨＰ
http://circle.tos-land.net/

最後に、こんな私だから、ＴＯＳＳ学生のみんなに、そして、今、苦しんでいる先生方に、伝えたい。

どの子にも可能性がある。一人の例外もなく。そう、あなたにも。

もし、辛いことがあったとしても、大変なことがあったとしても、それは、きっと乗り越えられる。そして、それを乗り越えた時、もっと素敵な教師人生が目の前に広がっている。

それが「可能性」である。私もまた、自分の可能性を信じ続けて、さらなる高みを目指していきたい。

（愛知県名古屋市・宮根小学校）

教務主任になったら―
実行ポイント 教育計画を明文化せよ

瀬戸 勝

向山洋一氏は以下のように述べている。

> 教務主任の最大の仕事は、学校の教育課程（一年間の教育計画）を完成させ、先生方がいつも活用できる状況を作ることである。
> （『教室ツーウェイ』№４４６）

勤務校では、ずっと教育計画をファイルに綴じるやり方をしてきた。四月最初の職員会議で提出される各種年間計画にページを振り、変更があったページを差し替えていた。かなり慎重に差し替え作業をしても、古いままのページが残っていたり、ページを間違えて印刷したりというずれが生じた。結局、時間をかけて印刷・ファイルしたにも関わらず、仕事をする時に使うことはほとんどなくなってしまった。

転任した年の四月初め、教務主任の私は「クラス写真を撮ってください」と言われた。クラス写真は様々に利用される重要なものであるが、撮影に関してはどこにも明文化されていなかった。新任の学級担任は撮影することを知らなかった。暗黙の了解のもとに行われていたことだった。学期初めの多忙な時間を予定変更して撮影せざるをえなかった。

その頃、長く勤務している方がよく口にしていた言葉が「今までは○○だった」「去年は○○だった」だった。聞かない人が悪いとでも言うかのように、既得権を主張していた。主張することの多くは明文化されていなかった。このような混乱がしばしば起こっていたのである。

今年度、勤務校初の教育計画の印刷製本に取り組んだ。先生方に無理がないように、年度当初の職員会議資料の中から、学校運営に必要だと考えられるものを選び、提出してもらった。目次の作成、ページの割り振り、印刷はすべて教務主任の私がやった。

> 責任を持つということは、先生方をあてにしない、自分でやるということです。
> （『向山洋一の学校論』ｐ39）

百ページをこえる冊子になった。丁合作業は職員全員でやった。教務主任が本気で取り組んでいることが伝わり、先生方は好意的に作業をしてくれた。

現在、先生方は職員会議にできあがった教育計画を持参して参加している。仕事に関して質問をされたら「教育計画を見てください」とお願いしている。全員が同じものを持っているからぶれない。

今後、団塊の世代の退職が始まり、若い教員が大量に職場に入ってくる。仕事をシステム化し、だれでもできるようにしておくことは必須である。

ますます教育計画を明文化する重要性が高まっていく。冊子ではなく、デジタルデータで共有することもあるだろう。その仕事を担っていくのが教務主任なのである。

（福井県南越前町・湯尾小学校）

学年主任になったら――実行ポイント 一年の予定を見通して、学年を引っ張っていく

奥 清二郎

学年主任になったら、実行すべきポイントを以下4点で示す。

1 その学年の1年間を見通した役割分担とシステムづくり

年度末の会議で次年度の年間行事予定が決まっているだろうから、校務分掌、大きな行事などを書き出して役割分担ができるように準備する。

勤務校ならば、①研究部、②生徒指導、③人権と校務分掌、が大きく3つに分かれているので、各担任で分担できるように項目にあげる。

つぎに、春遠足、秋遠足、修学旅行、運動会、卒業式など大きな行事を抽出する。

さらに研究授業、各教科担当、学年便り、学年懇談会、個人面談、物品注文など細部にわたって項目を作った。合計で50ほどの役割ができた。

担任発表があったあとすぐに、学内メールを使ってこれらの項目を新しい学年団の担任に送る。

実際に学年会ではつぎつぎに私が項目を読み上げていく。手が挙がらないものはすべて私がやる。事前にメールしてあるので、50の項目も10分とかからずに分担できる。

2 すべての学級で実施する教材教具の選定

最初の学年会では教材選択も行う。教材を確認し、テストや副教材を教科ごとに仕分けしてすぐに決められるようにしておく。子どもたちが自分で答え合わせをしても、ぶれがないものがよい。

暗唱の教材やノートなども使いやすいものを提案できるようにしておく。学年会では教材のよさを話しながら選定していく。イラストがかわいいとか、宿題にできるとかの理由は論外である。

3 学年目標づくりとその実行

学年目標は、前学年からの引継ぎを受けるときに学年のカラーを把握し、おおざっぱに決めておく。

私は覚えやすいように四字熟語で3つまでにしている。今年は、①全員参加、②協力同心、③率先垂範、の3つとした。これもメールで各担任の意向を聞き、まとめたものだ。学年会では提案即可決となる。

4 学年で起きるすべての問題の責任を負う気概をもつこと

高学年になると、それまでの人間関係、家庭の状況、学習の難しさなどさまざまな要因から、問題行動も増えてくる。

対応の基本は早期発見、早期対応である。年度当初に各担任には、「問題は起きるものだ。それが起きる前にどれだけ指導できるか、起きたときにはどれだけ早期対応できるかが早期解決に向けてのカギとなる。だから、すぐに知らせてくれたら主任として責任をもって対応する。けれども報告が遅れた場合は自分で責任を負ってもらうことになる。問題は隠さずにすぐに報告してもらいたい。」と話すようにしている。

（大阪聖母学院小学校）

やる気が出る業務スタイルの提案

使わない書類を捨てるワザ

校務をスピードアップする上手な情報管理術

小森栄治

1 使わない書類は捨てる

私は資料を分掌別、行事別にファイルする際、できるだけ捨てるようにしていた。

今はスキャナーで読みとり、エバーノートに保存している。キーワード検索で必要な書類がすぐ出てくる。

スキャナーはスキャンスナップのエバーノート版がお勧めだ。

2 備品の取扱説明書の管理

備品はあっても説明書が見つからないことが多い。

私は理科室のあちらこちらに散らばっていた説明書を集め、物理、化学、生物、地学、一般の5冊のファイルにまとめた。

これもスキャナーで読みとり、エバーノートに保存するとよい。

3 定型文書はトコトン使う

学年主任のとき、学年会資料の項目を固定して作っていた。会議の進行もぶれない。

2年目は、初年度のを改訂して使えるので効率アップ。

私一人で使い回していたが、校内でファイルを共有財産にして使うとよい。ただし、個人情報の管理に注意。

4 スケジュール管理

今、私はグーグルカレンダーを活用している。通知機能を使えば、設定した日時にメールで予定を通知してくれる。校務でも活用できるはずだ。

（日本理科教育支援センター）

すぐに対応！　その場で動く

「即対応」で、特別支援教育も変わる

手塚美和

すぐに対応する

仕事にやる気が出る基本は「即対応」の業務スタイルだ。

難しいことではない。

私は特別支援コーディネーターだけど、特に専門的な力があるわけじゃない。

でも、これならできる。

相談されたら、すぐに動く

すぐに関係機関に連絡する。

すぐに保護者に電話する。

そして相談にのる。

一緒に悩んであげるだけでも、少しは気が楽になるかもしれない。

前回と前々回の学校評価

「特別支援教育」の欄にも先生方がＡＢＣＤの評価をつける。

二〇一四年後期は前期に比べてＡが3人から25人に増えた。

二〇一五年後期は前期に比べてＡが9人から27人に増えた。逆にＢは減った。ＣとＤはいずれも0人だった。

エビデンスがあるわけじゃないし、先生方の主観的な評価だけど、やはり嬉しい。

そのコメント欄に、

「すぐに対応してくれたのが良かった」

とあった。

次の日から、張り切って、今まで以上に迅速な対応を心がけたのは言うまでもない。

（静岡市・西豊田小学校）

スター教師のほろ苦体験

若さだけで「正論」を振りかざす

そういう時代もなければ大きな仕事など出来ない

伴 一孝

新卒二年目「教育技術の法則化運動」に出会った。夢中になって本を読み込んだ。大学の頃から「教育研究」には意味が無いと思っていた。役に立たない。なぜそうなのかが、向山洋一氏の文章を読んで、良く分かった。

だから学校の会議で、その事を主張した。当然、滅茶苦茶叩かれた。仕事の出来ない「小僧」の言う事である。ある意味で当然だ。

しかし、叩かれても叩かれても挫けはしなかった。向山氏の主張の方が正しいと分かっていたからだ。

「学校の研究仮説は、『仮説』になっていない」「研究紀要には『結論』が書いていない」「『感想』が並んでいるだけだ」「研究に『嘘』がある」「事前に『稽古』をして研究授業をやっている」「研究発表会（研究授業）の時だけ『カード』類を使っている」「普段は普通の『授業』をやっている」「そちらをこそ『公開』するべきだ」

この様な事を、山ほど言い続け、書き続けた。今でも、そう思っている。ある時、校長と研究主任が話しているのを聞いた。

「所詮は『外野』の言う事だから」

必ず、やり返してやると誓った。勿論、存分にやらせて貰っている。

（長崎県西彼杵郡時津町・時津東小学校）

旗は振っても……みんな踊らない

研究はみんなでするモノであることを実感

甲本卓司

研究主任を拝命した。国語の研究を行った。

校長先生からは、「主任がぐいぐい引っ張ってくれ」と言われていた。

一人で「ぐいぐい引っ張った」つもりで公開研究会の授業者を決める時になった。

私は、ほとんどの先生が立候補してくれると思っていた。

ここに落とし穴があった。

立候補は、私一人だった。これは、職員の一人一人に配慮が足りなかったのだ。

次の年、同じく研究主任を仰せつかった。

研修の中身を少し変えた。分析批評の演習を入れた。

同じく公開研究会の授業者を決める時期になった。

その年は、5学級の先生が立候補をしてくれた。一人の先生は、事前に研究授業を行ってくれた。

何がわからないのか。何をどうすればいいのか。一人一人へのアプローチが大切であると実感した。

思い上がっては、誰も付いてきてくれないのだ。

（岡山県苫田郡鏡野町・香々美小学校）

法律相談に見る現場の教師の悲鳴

中井　光

「先生からの電話があっただけで安心しました。」

　私が担当しているTOSS保険の法律相談の中でこのような言葉をよく言っていただけます。

　それほどまでに心が追い込まれている場面がある。それほどまでに安心させてもらえる関係が無い。

　先生方が悩まれる場面は、教室の中の子どもたちとの関係だけでなく、学校外の子ども同士の関係や保護者との関係、場合によって保護者同士の関係等広く多くあります。

　しかし、もっとも多い先生方からの相談の中核にあるのは、子どもたちとの直接的な事柄ではありません。

　実は、学校長ら管理職との関係が先生方の悩みの中核に位置するのです。

　子どもたちや保護者との関係がうまくいかない場面で、管理職が的確に対処されその場を収めた場合には問題は生じません。

　ところが、保護者との関係がうまくいかないからトラブルになっているにも関わらず、保護者との信頼関係を築くのは担任の仕事だからと言って突き放す管理職もいます。信頼関係が損なわれ教師の方を見ていない保護者から信頼を数カ月間で得ることは大変困難です。ほぼ無理と言ってもいいでしょう。そこで突き放された先生方は大きくなっていくトラブルを背負いつづけ、心が追い込まれていくのです。

　また、管理職が保護者に対応するものの、担任を変えろ、教師を辞めさせろといった保護者の要求に先生方の首を差し出すような方もいます。そのために指導力不足教員研修を利用することもあります。

　これら先生方を現場に切り捨てたり、学校から切り捨てたりする〝切り捨て管理職〟は、その場限りのやりとりを続けて、やがては転勤していきます。

　残されるのはさらに大きなトラブルを抱えた先生方です。

　これらの場面では、校長に管理職としての的確な対応を求めることが必要ですが、切り捨て管理職に対して現場の先生方からの求めは意味をなしません。あくまでも管理職と先生方は上下関係、指揮命令関係にあるのです。苦しくて的確な対応を求めても、管理職が対応を行わないと決定すれば、それに従うしかなくなっていきます。

　そこまでに追い込まれた教師の中には、心に病気を患い辞めていく方も多くいます。

　そうならないようにするためには、あくまでも校長が管理職として学校の責任者として保護者らに的確に対処することを教師以外の第三者が求めていくことが必要です。その第三者としては労働組合もあるのですが十分機能しているとは言えません。

　それで、私の相談を受けられた先生方が「知り合いの弁護士が教えてくれましたが」と言って管理職に求めていったり、また弁護士の立場から私が管理職に要求することも出てきます。

　このような先生方を守るシステムが機能しているTOSS保険の大切さを日々感じながら、今日も先生方からの相談に乗っています。

（中井光法律事務所／弁護士）

改訂をめぐる文教政策ナナメ読み

明石要一

1 地域学校協働本部とは何か

昨年の12月に中教審の答申が二つ出ました。

①チーム学校づくり

②コミュニティスクールと地域学校協働本部づくり

これらはともに、これまでの学校観を大転換する内容です。

これまでの学校は自己完結型でした。開かれた学校といわれてきましたが、残念ながら「学校王国」の意識は払拭されませんでした。

例えば、学校を応援する仕組みは学校支援地域本部と呼ばれていました。

あくまで中心は学校で、地域はそれを支援するというとらえ方でした。

ここには、お互いがフラットな関係を保ち、パートナーシップで子供の教育に携わる、という発想は乏しかったのです。

そこで、学校は地域とともにあるという認識から地域学校協働本部という仕組みづくりが提案されたのです。

地域学校協働本部は学校と地域の様々な橋渡しをするのです。

学校は何を求めているか、家庭はどんな課題を抱えているか、地域は今どうなっているかという課題を発見し、解決の糸口をアドバイスをする人を探すのです。

その役割を担うのが、全体をまとめる「統括コーディネーター」と各中学校区を単位とする「コーディネーター」です。

これからはこれらのコーディネーターの養成と配置が大切になります。

2 初中局と生涯学習政策局が合同で部会を開く

文部科学省始まって以来、二つの局をまたがる部会が設置されました。

それが、地域とともにある学校地域協働部会です。ここではコミュニティ・スクールと協働本部の在り方を協議しました。

「水と油の関係」といわれてきた学校教育と社会教育が同じスタートラインに立ったのです。

最初はぎこちない関係でしたが、回を重ねるうちに情報の共有化が図られ、どうすれば学校と家庭・地域が協働して子育てが可能になるか、という課題解決の方策を探すまでに至りました。

地域学校協働本部で活躍したコーディネーターが学校運営協議会にも参加する道筋などを提案しています。

3 チーム学校づくりとは何か

学校の仕事は教師だけではもう無理です、外の専門的な力を取り入れましょう、というのがチーム学校のねらいです。

これまでのスクール・カウンセラーだけでなく、スクール・ソーシャルワーカー、それから部活動の専門的な指導者、医療や防災関係の専門家などを学校を支えるスタッフとして導入しよう、とするのです。

二つの答申は教師がもっと仕事をしやすくなるための方策を提案しています。通常国会で法案を提出する予定です。

（千葉敬愛短期大学学長）

自由な発想で異なる立場の意見を認め、根拠に基づいて討論する力。そういう授業を目指す方にお薦めの本とは？

谷　和樹

1 決定版はないのが現状

アクティブ・ラーニング（以下ＡＬ）の全体を、小学校教師向けに、簡潔に分かりやすく紹介している良書には、私はまだ出会えていません。

ＡＬの由来や定義、意味付けなどが曖昧なまま、言葉だけが日本中で一人歩きしているからでしょう。

そういった中では、小林昭文先生の『アクティブラーニング入門』（産業能率大学出版部）はコンパクトで読みやすい本だと思います。

ただ、小学校の先生方にこのまま参考にできるかというと、少し難しい気もします。

また、『授業を磨く』（東洋館出版社）をはじめとした田村学先生の一連の関連書籍、とりわけ「思考ツール」を紹介しているものは、使いやすく、役に立つことと思います。

2 そもそもＡＬとは何か

ラーニングピラミッドなども科学的なエビデンスが曖昧なまま広まっているようです。

元来、自由な発想を大切にするはずのＡＬが、逆に何らかのフォーマットに当てはめて実践されるようでは意味がありません。

ＡＬはもともと国家的な要請から出されてきたものと思います。

これからの時代に必要となる「真に学ぶ力」を育てるための施策です。

昨年、下村文科大臣（当時）が出した「我が国の成長のための教育再生・科学技術イノベーション施策の強化」のような資料が参考になります。

ポイントは「問題を追究し、討論し、異なる意見を認めながらも、創造的に解決していける力」でしょう。

3 お薦めブックガイド

右のような力を育てるために、小学校レベルで現時点で参考になりそうな書籍を二点紹介します。

『教師と生徒でつくるアクティブ学習技術』
（赤阪勝　学芸みらい社）

赤阪先生の本は極めてテクニカルなことを具体的・実践的に紹介しています。ＴＯＳＳメモという優れたツールを活用した、ＡＬにつながる授業が満載です。明日にでもそのまま使えます。

思考ツールを立体的に操作活動化したようなイメージと言えばいいでしょうか。

『アクティブ・ラーニングでつくる新しい社会科授業』
（北俊夫・向山行雄　学芸みらい社）

社会科の中枢におられたお二人の共著です。理論と実践の双方から役立つ本だと思います。

（玉川大学教職大学院教授）

「黄金の三日間」が教育界の普遍名詞になった理由

末宗昭信

わたしが「黄金の三日間」という言葉に出合ったのは、『教室ツーウェイ』（明治図書）である。「黄金の三日間」という言葉は、『教室ツーウェイ』二〇〇〇年四月号の向山洋一先生の論文が初出だと思う。

> 黄金の三日間とは、始業式からの三日間をいう。向山が命名した。

大分県でも、この十五年間で「黄金の三日間」という言葉が広がった。十五年前と言えば、「教育技術の法則化運動」が解散した頃である。そして新たにＴＯＳＳが誕生した時でもある。第一回ＴＯＳＳデーを開催したのもその頃である。

二年くらい前に聞いた話。

「採用前研修」という、大分県で次年度新採用者となる方が参加した研修での一コマ。その中で「新学期の最初がとても大切である」という話があったそうだ。「黄金の三日間」という言葉も使われたと言う。

最近、こんな話も聞いた。

五年前、大分大学の講義の中で、向山洋一先生の著書の紹介があった。大学二年の後期に受けたその授業がきっかけで、本を数十冊買った。「黄金の三日間」という言葉とその意義は、向山先生の論文で知った。

大分で「黄金の三日間」とその大切さが広がったのは、向山代表のＴＯＳＳが各地に広がったからだ。特に、本とセミナーと職場の三つはその大きなきっかけとなった。

何年か前、学校現場に復帰することになった方の話。

準備のため、何冊か本を買った。「黄金の三日間」のことは、その本の中に書かれていた。その後職場に届いたチラシがきっかけで、ＴＯＳＳ大分の「教え方セミナー」に参加した。その後、以前ＴＯＳＳデーにも参加したことのある同僚がＴＯＳＳサークルを紹介してくれた。毎月参加するそのサークルで、悩みと解決策を出し合っている。

八年前、職場の同僚からＴＯＳＳデーに誘われた別の方の話。

初めて参加したそのセミナーでは、具体的な内容で「黄金の三日間」についての話があった。その後サークルにも参加するようになる。その当時の同僚が代表をしているサークルに毎月参加し、提案も行っている。

六年前、ＴＯＳＳデーで「黄金の三日間」を扱ったサークル。その頃、そのサークルに参加するようになった方の話。

サークル例会で、初めて「黄金の三日間」のことを聞いた。今は、自分が同僚を誘ってセミナーに参加したり、実践レポートの提案をしたりしている。

十回行った大分県各地のＴＯＳＳデーで何度もテーマとなった「黄金の三日間」。中津、別府、佐伯、大分、宇佐……。

来年のＴＯＳＳ教え方セミナー。そのチラシも大分県の各職場に届ける。学生や先生方が「黄金の三日間」とその大切さを知ることで、一人でも多くの方々の教師人生が、より楽しくなることを心から願っている。

（大分県宇佐市・高家小学校）

1　子どもの事実で証明する！ 圧倒的な授業の競演！！

◆外国語活動　井戸砂織

◆音楽　関根朋子

◆特別支援　小嶋悠紀

◆総合　手塚美和

2　新教科書教材に対応する！ 新教科書を使った圧巻模擬授業！

◆理科　千葉雄二

◆社会　松崎　力

◆算数　甲本卓司

◆国語　長谷川博之

3　子どもの事実を作り続ける 最高峰の授業

◆道徳　椿原正和

◆道徳　河田孝文

◆算数　木村重夫

◆社会　谷　和樹

◆国語　伴　一孝

この豪華な講師陣の授業に対して、最後はTOSS代表の向山洋一氏が解説を加える。「最先端とは何か？」「授業はどうあるべきか？」など、様々な観点から、具体的なエピソードを通して向山氏が話す。それにより、圧巻であった授業群が、さらに深みと厚みが加わった形で見えるようになってくる。

向山氏の講演はサマーセミナーの冒頭と最後に行われるが、もちろん動画パッケージの中に含まれている。

冒頭の「開会のあいさつ」では、教師という仕事の尊さや、どのように教室での実践を積み重ねていけばよいかが語られている。

最後の「総括講演」では、日本の現状、人材育成のあり方、2019年のラグビーワールドカップや2020年のオリンピックの大切さが語られている。

どちらも向山氏の語りに引き込まれ、「がんばっていこう！」と心の底から思えるようになる。

TOSSが行っている最先端の取り組みを、最高の授業と最高の語りで知ることができる、それがこの動画だ。

TOSSを初めて知る方からこのセミナーに参加された方まで、すべての方にご覧いただきたい。

（神奈川県横浜市・朝比奈小学校）

TOSSランド・メディア・動画　西尾　豊

TOSS動画ランドは、TOSSのセミナーをオンラインで視聴できる動画配信サイトだ。（https://m.tos-land.net/）

動画はすべて有料だが、YouTubeなどに溢れている無料動画とは一線を画す、非常に質の高い動画が多数公開されている。

動画の種類は、各地で開催されたセミナーで特に人気の高かったものや、向山洋一氏の子ども相手の授業、大学での講義など、多岐にわたる。

動画には解説のスライドが合わせて表示されるので、内容が動画単体よりもより理解しやすくなっている。（もちろん、動画単体での再生も可能）

また、購入した動画は、パソコンはもちろん、スマートフォンやタブレットなど様々な端末で視聴することができる。専用のアプリを用いれば、ダウンロードしてオフライン環境でも視聴することができる。

「セミナーに参加したいが、なかなか家を空けることができない。」

「でも、何とかして学びたい……。」

そんな方々にぴったりのサイトだ。

さて、その中で「最初に見るとすればどれか？」と問われれば、迷わずお薦めするのがこれだ。

「TOSSサマーセミナー2015」

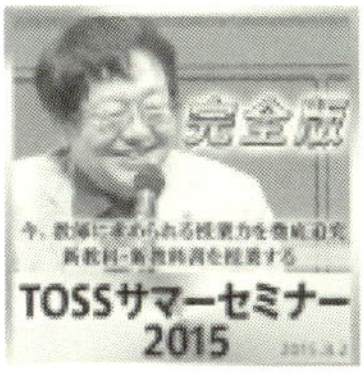

TOSSサマーセミナーは毎年夏に開催されるTOSS最大のセミナーで、各教科のスペシャリストが最先端の授業を公開するものだ。

2015年度のテーマは次の通り。

今、教師に求められる力を徹底追求
～新教科・新教科書を授業する～

「教師に求められる力」を、単なる講座ではなく、授業を通して示す。TOSSにしかできないことだ。

講師名を授業順にざっと挙げてみる。

1学期の教材紹介：正しいユースウェアを学ぶこと

教材は、正しく使うことで効果が倍増する

甲本卓司

話す聞くスキル（正進社）

「話す聞くスキル」は、お勧めナンバー1の教材である。

それは、なぜか。それは、声のトレーニングになるからである。

よく、先生が教室で次のように指導している。

「もっと大きな声を出しなさい。ここまで聞こえる声で発表しなさい。」

誰もが聞いたことのある指導言だと思う。しかし、こういった指導では、声は大きくならない。なったとしても一時のことだ。子どもたちが、芯から変化をしていないのだ。

その時、この「話す聞くスキル」を使って音読の練習をすると自然に声が出てくるようになる。

その秘密は、「話す聞くスキル」に紹介されている素材にある。読むことが楽しくなる素材が多くある。読むことが楽しいから声が自然と出てくるのだ。

教師用指導書には、教師が指導する言葉がそのまま書いてある。発問・指示の例が書かれているのだ。書いてある通りに指導すれば、誰でも楽しく音読の練習ができる。

教師は、子どもたちの声を褒めて褒めて褒めまくる。その褒めることで、子どもたちの出す声はだんだんと大きく、はっきり、聞き取りやすくなっていく。

これは、トレーニングなのだ。楽しく学ぶことができる。

1年間通して使える教材である。

何度も読ますことで、子どもたちは、自然と暗唱してしまう。

指名なし発表、討論の授業を目指す教師は、絶対必要となる教材である。

4月の学級開きから卒業単元の学習まで使える一押しの教材である。

あかねこ計算スキル（光村教育図書）

これは、定番中の定番教材である。

この教材を採択できないと算数の授業が安定しない。

学習内容も定着が難しくなる。そういった教材である。

しかし、この「あかねこ計算スキル」も正しい使い方がある。

間違った使い方で一番多いのが、「宿題」として使う方法だ。

これは、一番よくない。

この「あかねこ計算スキル」は、授業の中で使うから力が付くのである。

では、授業の中での使い方を紹介しよう。

T：あかねこ計算スキルの8番を出しなさい。
日付を書きなさい。
2問コース、5問コース、10問コースを選びなさい。
時間は、2分です。

TOSS教材

と無駄なことを言わずに準備させる。2問コース、5問コース。10問コースいずれを選んでも100点である。

そのため、「あかねこ計算スキル」には工夫がしてある。

例えば、1問目が、3+4　とする。

2問目は、6+5となる。

これは、1問目と2問目の難易度が異なるということだ。

通常の計算ドリルでは、ステップアップは、問題の11問目からとなる。1問目から10問目までは似たような問題が並ぶのだ。

だから、2問コースを選んでも学習内容の習得がチェックできる。

また、2問コースを選んだからといって残りの問題をしないということにはならない。残った時間で残りの問題をすることになる。

では、次を示そう。

> T：1分経過。残り1分です。
> 残り30秒です。やめなさい。
> 答え合わせを行います。赤鉛筆を出しなさい。
> 答え合わせは10番から行います。

> （10番から答えを言っていく）5問コースの人お待たせしました。
> （5問目から答えをややゆっくりと言っていく）お待たせしました2問コースの人（2問目から全体に目を配りながらゆっくりと答えを言っていく）
> 早く終わったらやってみよう！の問題があります。10問コースの人は、その問題をやりなさい。2問コース、5門コースの人は、残った問題を解いていきます。始めなさい。

ここで、2問コース、5問コースの人も残りの問題を解くようになる。全員が、また、問題に向かっていることになる。

そして、「できました」の声で、次のように言う。

> T：できた人がいます。答えを出して自分で採点をしなさい。また、難しいなと考えている人も答えを出して参考にしていいです。

ここで全員が、答えを出していることになる。難しければ答えを見ていいと言っているのだ。

採点ができた人は、巻末にあるシールを貼る。

このシールは、小さくてはがしにくくなっている。時間調整のためである。

ここでチャイムがなり算数の時間が終わる。

残った問題、シール貼りは、家でやってらっしゃい、となる。教師は、次の時間シールを貼ってあるスキルをみて褒めてやればよい。

これは、「あかねこ計算スキル」の正しい使い方である。

4月、正しい教材の使い方を学ぶことは、1年間を左右する。

そのため2月3月、全国縦断ユースウェアセミナーを実施している。ご参加いただけたらと思う。

（岡山県苫田郡鏡野町・香々美小学校）

♣熱い教師の現場から再出発

▼この度、教師の現場の熱い想いを背負った「教育誌」をスタートさせます。思い返せば、あの大震災の2011年に弊社が教育書の刊行を柱とする新興出版社として船出してから5年、「新法則化シリーズ（刊行済み28点）」「教育新書・向山洋一シリーズ（刊行中）」をはじめ、刊行した書籍も100点を越え、今回は念願の定期刊誌刊行となります。▼現時点では年3回のスタートですが、いうまでもなく教育の現場は数えきれないほどのテーマを抱えています。その一つひとつに斬り込んでいけばおのずと刊行ペースを上げていく可能性が予測！されますが、まずは教育界における最重要・最先端のテーマについて、ご執筆の先生方とともに実践的内容として創り上げて提供したいと考えます。▼今回は「アクティブ・ラーニング」の具体的実践例を大特集し、次回は「非認知能力」取り上げます。なお刊行にあたり、向山洋一先生はじめ多くのTOSSの先生がたの多大なるご尽力をいただきました。それでは多くのご意見ご提案をお寄せください。本誌はみなさんと共同で創られます。（青木）

♣「場面キャラ」で道徳教育

実現させたい企画が2点あります。ぜひ立候補してください！①今年のセンター試験・国語は「キャラ化する／される子どもたち」―リカちゃん人形で出題。興味深いのは、それぞれの対人場面に適合した外キャラを意図的に演じて、複雑になった人間関係を乗り切ろうとする現代人の心性を暗示するリカちゃん。西加奈子「サラバ」にも、転校の度にどういうキャラで登場したらよいか、悩む主人公が～。〈本性とは違う？外付けキャラを学ぶ〉場が、学級集団？―で、〈場面キャラを演出する能力と態度〉を逆手にとった、「現代を乗り切る道徳力」をつける企画が出来ないだろうか？いじめ問題の深層にも通じる何か―がある気がするのですが。②p127、笠井美香先生の原稿は、「円に線を引き、円が何個に分かれるか」という問題にトライしたレポート。小学生の時、「円に直線は何本引けますか」という発問で、4本とかから始まり、「円を埋め尽くすまであります」発言が出て教室中がシーンと納得した場面を思い出しました。―で、算数こそ、アクティブ・ラーニング教材が必要では？　（樋口）

♣教育という新世界へ

▼昨夏、学芸みらい社に移籍し、教育という未知の世界に飛び込んで以来、精進を重ねる日々です。▼以前、認知運動療法というリハビリの本を作ったことがあります。このリハビリには、身体障害を絶対に治すという思想、それを支える脳科学、そして身体機能を再生させる技術がありました。▼移籍後、最初に担当した書籍が『医師と教師が発達障害の子どもたちを変化させた』第2巻。全ての子どもに可能性があるという思想。子ども達への細やかなアプローチとそれを支える医学理論……。医教連携の最新の成果に学びつつ、リハビリの本を作った時に感じた、人生はいつでも（再）学習のプロセスなのだということを思い出していました。同時に、私が取り組みたかったのは学習による人間の変化という課題であったことも。▼向山先生をはじめとするTOSSのすばらしい先生方との出会い。教育という新世界との出会い。この出会いは偶然ではない。仕事に邁進していきます。ご指導の程、宜しくお願い申し上げます。（小島）

編集室から　校正朱筆がハタと止まった時

♥特集を読んで、あらためて「アクティブ・ラーニング」

▼この1～2年、至る所で「アクティブ・ラーニング」という言葉がもてはやされていますが、その言葉の響きの良さはともかく、私自身の自戒も含めて、どの程度の体験と知識を持って「アクティブ・ラーニング」を語っているのだろうか、という疑問がありました。実際の教育現場での豊富な実体験なくしては、論議のための論議に終わってしまうのではないかという危惧があったからです。▼今回の本誌特集に目を通していくなかで、あらためて思うのは、今までのTOSSの実践そのものが、「解りやすいアクティブ・ラーニング実践」であったということと同時に、この実践体験を、今後さらに全国での追試によって発展させていただき、さらに高密度な「アクティブ・ラーニング」として、次の世代に伝えていってほしいということでした。その時には再び、「アクティブ・ラーニング進化形！」の特集をしてみたいと思うところですね。

（青木）

♥「持った～」か「ある」か

本号137ページ「知的障がいをもったT君～」という記述に、ふと、10年前いただいた読者からの電話を思い出しました。その顛末というのは……

「○○ページを開いてください。〝障害を持っているA君〟とあります。この文章からは、障害を持たされているA君とも読みとれます。うちの子は、わざわざ、障害を持たされているわけではありません。こういう言い方は、問題ではないのでしょうか」

①障害があるA君

②障害を持っているA君

たしかに、②は、

「余計なものを持ってしまったA君」

「余計なものを持たされてしまったA君」

というニュアンスにも読みとれると改めて思い至りました。

「知的障害のあるT君」だったら、〈事実を述べた〉で、書き手の解釈らしきニュアンスは少ないように思います。編集のアプローチもアクティブ・ラーニング的に、討論議題にしていただければと「水面下で原稿をイジル無作法」を止めて、誌上紹介しました。

（樋口）

♥真剣かつ自在な対話力を

▼昨年夏のセミナーで、年明けの熱海セミナーで向山洋一先生がお話しになったこと。それはMITに入ってくる学生たちは皆、各出身校で最上位の成績を収め、社会貢献の実績を積んできた学生であることでした。▼自分自身の学校経験を振り返ってみると、授業の中心は板書されたことをノートに写すことであり、テストではその記憶を試されました。しかし今や、大げさに言えば人類の膨大な知識がモバイルでポケットに入る時代。暗記能力はICTに取って代わられようとしています。▼年功序列と終身雇用が崩れた現代社会では、個の輪郭が浮き彫りになる。そこでは「読み・書き」に加え、「聞く・話す」の能力が他者を尊重し、自分を活かすために必要なのではないか。▼「教育は一瞬で消えていく芸術であり、そこに命を刻みながら、神経をはりつめ、立ち向かう」（向山先生）。私たちの日常もまた真剣に、そして自在に対話する力を、一瞬毎に問われている。▼創刊号の数々のお原稿を拝読しながら、それこそがアクティブ・ラーニングが目指す人間力の要にあるような思いに駆られています。

（小島）

TOSS全国サークル案内

全国で躍動するTOSSサークル・法則化サークルに参加してみませんか。一生の仲間に出会える勉強の場です。

久野 歩

どなたでも参加できます。見学だけでも歓迎です。興味のある方は、サークルの代表者にご連絡ください。

※サークル名・代表者名・連絡先・会場・テーマの順に掲載。開催場所が変更されることもありますので、ご注意ください。

【北海道】

◆法則化アツマロウ・赤塚 邦彦 kuni-aka@sea.plala.or.jp・伊達市だて歴史の杜カルチャーセンター・レポート検討、模擬授業、共通課題模擬授業

【宮城県】

◆TOSS宮城サークルSkies・森元 智博 morimoto@human.gr.jp・仙台市市民活動サポートセンター（地下鉄広瀬通駅近く）・模擬授業、レポート検討など

【山形県】

◆TOSS常笑気流・山口 俊一 shun-agasuke@mirror.ocn.ne.jp・山形市まなび館・社会貢献活動、模擬授業、レポート検討など

【福島県】

◆法則化サークルあしたば・夏井 圭太郎 natsui.keitaro@toss2.com・会津若松市北公民館・模擬授業、レポート検討

【新潟県】

◆TOSS SANJO・田代 勝巳 tkenk@rose.ocn.ne.jp・三条市サンファーム三条・模擬授業、レポート検討、QA

【石川県】

◆TOSS金沢・岩田 史朗 shirou@m2.spacelan.ne.jp・教育プラザ富樫・模擬授業、レポート検討、ミニ講座

【富山県】

◆TOSSアタック・楠 康司 yasu@pb.ctt.ne.jp・北加積公民館・模擬授業、レポート検討、仕事術等

【茨城県】

◆TOSS茨城NEVER・桑原 和彦 kuwa@sopia.or.jp・「水戸」または「県南」生涯学習センター・模擬授業、レポート検討、向山実践研究、Q&A

【栃木県】

◆TOSS DREAM・田崎 博之 me011008@hotmail.com・宇都宮市東市民活動センター・模擬授業、お悩み相談など

【群馬県】

◆法則化Caravan・田中 健太 tanaka.kenta@toss2.com・大泉公民館、桐生市中央公民館・実践・近況報告、授業映像分析、模擬授業、向山洋一氏著書読み合わせなど

【埼玉県】

◆法則化サークルつばさ・津田 奈津代 spva38b9@song.ocn.ne.jp・富士見市民福祉活動センターぱれっと・模擬授業、学級経営レポート、授業DVD視聴

◆文教大学教師の卵サークルWE・岡田 健太郎 okada.kentaro@toss2.com・文教大学越谷キャンパス・模擬授業

【千葉県】

◆サークル矢切の渡し・細羽 正巳 UGP20224@nifty.com・松戸市民会館・模擬授業、教育情報の交換など

◆TOSS東雲・吉原 尚寛 ugn48055@nifty.com・旭市海上公民館・指導案の書き方、やんちゃな子への対応と指針

【東京都】

◆TOSSお江戸87の会・桜木 泰自 YIU43357@nifty.com・中央区立佃区民館・模擬授業他、小・中・高校何でも

◆TOSS STREAM・千葉 雄二 yuji.c@nifty.com・小平市中央公民館（西武線一橋学園駅徒歩15分）・模擬授業、レポート検討

【神奈川県】

◆TOSS石黒塾・大津 巌 yuji_k@sunny.ocn.ne.jp・横浜市長津田地区センター・レポート検討、模擬授業など

◆TOSS川崎ゆりサークル・桜井 健一 CQE12514@nifty.ne.jp・麻生市民館又は多摩市民館・模擬授業、レポート検討

【山梨県】

◆法則化SUN・武井 恒 hisashi212@ybb.ne.jp・山梨市内・特別支援教育

【長野県】

◆TOSS長野・小松 裕明 takamisaw@yahoo.co.jp・今井原集合住宅集会所・模擬授業、各種企画

◆TOSSどすこい・末廣 真弓 machan531657@gmail.com・篠ノ井公民館・模擬授業、レポート検討など

◆TOSS平成白樺・高見澤 信介 takamisaw@yahoo.co.jp・松本市城東公民館・模擬授業

◆TOSSみゆき野・頓所 陽子 tonyouko@gmail.com・中野市中央公民館・模擬授業、レポート検討など

【愛知県】

◆教育サークル葵・三浦 一心 i-shin23@h3.dion.ne.jp・岡崎市緑丘学区市民ホーム・模擬授業、レポート検討、教採対策

◆TOSS／Lumiere・堂前 直人 naoto.7010@hotmail.co.jp・名古屋市西生涯学習センター・模擬授業、悩み相談など

【三重県】

◆TOSS中学／三重アイリス・進士 かおり kaori-shinji@mtc.biglobe.ne.jp・いなべ市内公立中学校・模擬授業、情報交換など

【滋賀県】

◆法則化Runway・東郷 晃 togo.akira@toss2.com・守山市民ホール・最新の教育テーマや、向山実践を詳しく学びます。その他、模擬授業、レポート検討など

【大阪府】

◆TOSS大阪天馬・勇 眞 m-isami@rinku.zaq.ne.jp・和泉シティプラザ・向山型社会講座、模擬授業、論文検討

◆TOSS大阪中高サイクル・和田 秀雄 ojiya_tako@yahoo.co.jp・新大阪・来ると元気になるサークルです！①中学高校模擬授業、②長谷川博之氏分析、③悩み相談

【京都府】

◆TOSSいちばん星・越智 敏洋 ochi.toshihiro@toss2.com・伏見区役所・模擬授業、レポート検討、悩み相談など

◆学生サークルnotele・加藤 壮馬 kato.soma@toss2.com・佛教大学内・模擬授業

【兵庫県】

◆TOSS春風・溝端 達也 mizohata.tatsuya@toss2.com・花園コミセン・向山型猿飛検定、模擬授業、校内提案

【島根県】

◆TOSS魂誠・中川 貴如 taka-n6@crux.ocn.ne.jp・浜田市総合福祉センター・模擬授業、学級経営相談など

【鳥取県】

◆法則化縁・浦木 秀徳 urakimiho@hi.enjoy.ne.jp・境港市夢みなとタワー・模擬授業、レポート検討など

【広島県】

◆TOSS広島コンマサークル・井川 裕子 yukoigawa@gmail.com・平岩地域センター・模擬授業、レポート検討、医教連携学習会など

【山口県】

◆TOSS／Advance・河田 孝文 hayashitakeadvance@gmail.com・下関市小月公民館・模擬授業、教科書の教え方

【香川県】

◆MAKアイランド・大恵 信昭 ooen@niji.or.jp 高松市内or丸亀市内・模擬授業、特別支援教育、レポート検討等

【徳島県】

◆TOSS徳島／法則化Passionate・野網 佐恵美 noami.s1@viola.ocn.ne.jp・とくしま活動県民プラザ・模擬授業、レポート検討、社会貢献活動等

【高知県】

◆TOSS南国港free-way・藤﨑 富実子 fujisaki.fumiko@toss2.com・高知県教科研究センター・模擬授業、レポート検討など

【愛媛県】

◆TOSS中学☆坊ちゃん・越智 鈴穂 suzuho-mm@cnc.e-catv.ne.jp・松山市コムズ・模擬授業、レポート検討

【福岡県】

◆TOSS福岡教育研究会・八和田 清秀 k-yawata@msh.biglobe.ne.jp・福岡市内公共施設・日々に活かせる情報交換、模擬授業など

【長崎県】

◆TOSS長崎・香焼サークル・末光 秀昭 xlr-suemitsu@nifty.com・長崎出島交流会館・特別支援、英会話、学級経営等

【宮崎県】

◆日南・串間教師力向上サークル・川越 雅彦 kawagoeman@mail.goo.ne.jp・日南市まなびピア・模擬授業、レポート検討、特別支援教育ミニ講座など

【沖縄県】

◆TOSS〝必然〟・稲嶺 保 inamine5@at.au-hikari.ne.jp・嘉手納町立嘉手納小学校・模擬授業、Q&A

（東京都目黒区・鷹番小学校）

世界が日本人を見ている！

千明浩己

一 「パンドラの憂鬱」

日々の忙しさの中で、エネルギーが足りなくなった時、元気が湧いてこない時、そんな時には、次のサイトを見ることにしている。私の場合、高い確率で症状は改善され、元気になり、やる気が湧いてくる。

このサイトは、日本や日本人のことをとりあげた、世界の動画やニュースサイトに寄せられた、外国人のコメントを翻訳して紹介してくれるサイトだ。ほぼ、毎日更新され、その内容は多彩だ。

パンドラの憂鬱
http://kaigainohannoublog.blog55.fc2.com/

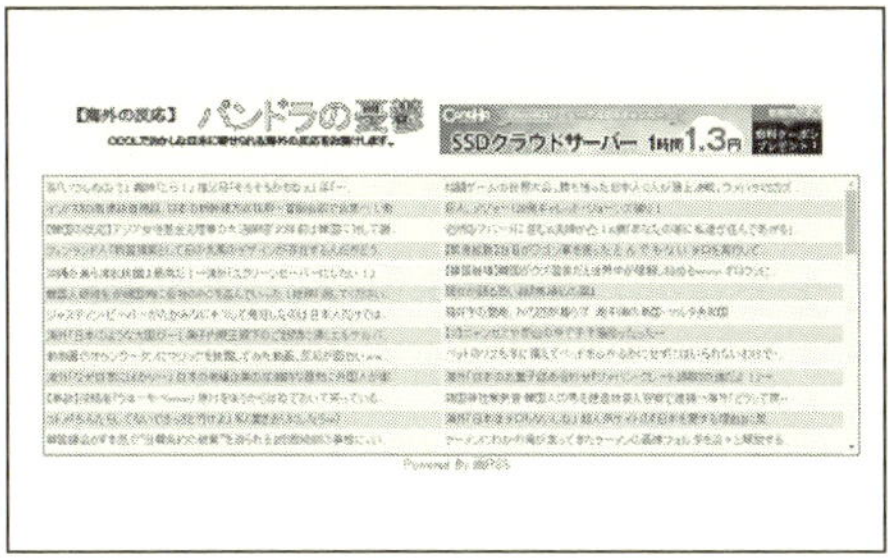

例えば先日は「ＪＲ神戸線、神戸―元町間の上り線の架線が切れ、五千人の乗客が線路におりて近くの駅まで歩いたニュース」をまとめた動画（『ＪＲ神戸線で架線切れ』で検索 YouTube動画）に寄せられた、外国人のコメントを紹介していた。

二 動画に寄せられた外国人のコメント

■台湾人も日本人の姿に学ばないといけないね。 +84
■日本人は学ぶに値する民族だよ。本当に理性的だもん。 +4
■さすが世界中の国から敬意を抱かれる国だけあるな。 +10
■九十度に腰を曲げてる人は謝罪をしてるわけでしょ？　日本人は本当にすごい人達だね。 +1555
■日本人の民度の高さは恐ろしいほどだね。これこそ本物の大国の姿だと思うんだ。 +23
■日本が好きな人も嫌いな人も、この一枚の写真に日本の底力を見出すだろうね。乗客のそばにはお辞儀をして謝罪をする駅員の姿も見える！ +251
■乗客たちの秩序も尊敬に値するし、横で謝罪をしている駅員もまた尊敬に値する。 +74
■お辞儀をして謝罪をする駅員さんの姿を見てくれ。乗客も秩序正しく、先を争うようなこともしてない。これはとてつもないことだぞ！ +47
■整然としていて、列を乱す人間が一人もいない。なんて凄い国なんだ！ +70
■緊急時にあっても冷静。これが日本人の姿だ。 +456
（抜粋引用）

上は、別の動画からキャプチャーした画像。一列になって線路を歩く日本人の姿と九十度に腰を曲げ、謝罪する駅員の姿に心から感動を覚える。

「パンドラの憂鬱」ぜひチェックを！

（群馬県沼田市・沼田小学校）

編集後記

▼『教室ツーウェイ』は圧倒的な人気を誇っていた雑誌です。創刊以来ずっと定期購読してくださっていた根強いファンが日本中にいました。その読みやすさ、情報の新しさ、プロットの分かりやすさなどから、若い先生方にも大好評でした。

▼多くの先生方から数多くのお問い合わせをいただきました。「『教室ツーウェイ』は、いつ復活するのですか?」「待ちきれません」……

▼約一年の準備期間を経て、ようやく皆様のお手元にお届けできる運びとなりました。さらにグレードアップし、もっと分かりやすく、もっとためになる教育誌として、生まれ変わりました。それが『教室ツーウェイNEXT』です。

▼「理論ばかりで現場に生かせない雑誌」ではなく、現場の先生方にとってすぐに役立つ情報を載せています。さらには、若い先生方、新卒の先生方、教師をめざす学生の皆さんが読んでも、スッキリと分かるような平明さを目指して編集しています。

▼創刊号の特集は「アクティブ・ラーニング」です。アクティブ・ラーニング(AL)は、次回の学習指導要領改訂の目玉になるとの噂もあり、各地でちょっとしたブームになっているようです。しかし、その実態はどうでしょうか。ALそのものが目的化してしまっているようなムードもあります。

▼①そもそも、アクティブ・ラーニングとは何? ②いったいどこから始まったの? ③どんな段階を踏んで学習させればいいの? ④アクティブ・ラーニングの授業には「コツ」みたいなものはあるの? ⑤どうすればもっとアクティブ・ラーニングを勉強できる?……こうした疑問に平易に答えていこうとしたのが、今回の特集です。

(谷　和樹)

次号予告

※7月末発売予定

特集 新学力は〝非認知能力〟で決まる!
育成ヒント30

Ⅰ 今話題の「非認知能力」って何?
Ⅱ 教室に直結する非認知能力とは
Ⅲ 道徳・モラル・人格は→「非認知能力」がつくる?
Ⅳ 非認知能力をめぐる耳寄り新情報
・OECD学力調査問題に「掃除」が入る?
・子どもの生涯を決定づけた(?)「マシュマロ実験」って
・レジリエンスが世界共通語になった訳
・行動経済学からみた「子どもの性格パターン」他
Ⅴ 非認知能力を育てる指導場面→「しつけ10原則」
・あきらめない→悔しい気持ちをかきたてる体育指導
・やりぬく→引き返せない状況をつくる学級イベント
・へこたれない→乗り越えられる困難を与える
・集中力→時間を限定して課題提示 他
Ⅵ リアル向山学級→非認知能力をどう育てているか
・20代の向山実践―ケンカの指導から/日記指導から
・30代の向山実践―遊びの指導から/発達障害児指導から
・40代の向山実践―ぼっちの指導から/通知表記入の言葉から
Ⅶ 非認知能力に問題のある子への対応ヒント
・すぐ飽きる/すぐ諦める・続かない/すぐサボる
・すぐ他人にせいにする/自分に甘い・振り返らない他
Ⅸ すぐ使える非認知能力育成のエピソード具体例
・道徳授業で使える非認知能力育成の話材
・保護者・親に伝える非認知能力育成の話材

ミニ特集 いじめ＝世界で、日本で動き出した新対応

教室ツーウェイNEXT　創刊号

二〇一六年三月十五日　初版発行

編　集　TOSS中央事務局＝向山洋一・谷和樹・長谷川博之・桜木泰自
青年事務局＝戸村隆之・久野歩・西尾豊・橋本信介

発行者　青木誠一郎
発行所　株式会社学芸みらい社
〒一六二-〇八三三
東京都新宿区箪笥町三一番
箪笥町SKビル
電　話：〇三-五二二七-一二六六
ファックス：〇三-五二二七-一二六七
HP　：http://www.gakugeimirai.jp/
E-mail　：info@gakugeimirai.jp

組版・印刷・製本　藤原印刷株式会社
装幀・本文デザイン　小宮山裕
カバー作品　コイヌマユキ（asterisk-agency）

ISBN978-4-908637-11-7 C3037

学芸みらい社　既刊のご案内

分類	書　名	著者名・監修	本体価格
	教科・学校・学級シリーズ		
学校・学級経営	中学の学級開き　黄金のスタートを切る3日間の準備ネタ	長谷川博之(編・著)	2,000円
	"黄金の1週間"でつくる　学級システム化小辞典	甲本卓司(編・著)	2,000円
	小学校発ふるさと再生プロジェクト 子ども観光大使の育て方	松崎 力(著)	1,800円
	トラブルをドラマに変えてゆく教師の仕事術 発達障がいの子がいるから素晴らしいクラスができる！	小野隆行(著)	2,000円
	ドクターと教室をつなぐ医教連携の効果　第2巻 医師と教師が発達障害の子どもたちを変化させた	宮尾益知(監修)　向山洋一(企画) 谷 和樹(編集)	2,000円
	ドクターと教室をつなぐ医教連携の効果　第一巻 医師と教師が発達障害の子どもたちを変化させた	宮尾益知(監修)　向山洋一(企画) 谷 和樹(編集)	2,000円
	生徒に『私はできる！』と思わせる超・積極的指導法	長谷川博之(著)	2,000円
	中学校を「荒れ」から立て直す！	長谷川博之(著)	2,000円
教師修行	教員採用試験パーフェクトガイド　「合格への道」	岸上隆文・三浦一心(監修)	1,800円
	めっちゃ楽しい校内研修 ―模擬授業で手に入る"黄金の指導力"	谷 和樹・岩切洋一・ やばさ教育研究会(著)	2,000円
	フレッシュ先生のための　「はじめて事典」	向山洋一(監修)　木村重夫(編集)	2,000円
	みるみる子どもが変化する『プロ教師が使いこなす指導技術』	谷 和樹(著)	2,000円
道徳	「偉人を育てた親子の絆」に学ぶ道徳授業〈読み物・授業展開案付き〉	松藤 司＆チーム松藤(編・著)	2,000円
	子どもの心をわしづかみにする「教科としての道徳授業」の創り方	向山洋一(監修)　河田孝文(著)	2,000円
	あなたが道徳授業を変える	櫻井宏尚(著)　服部敬一(著) 心の教育研究会(監修)	1,500円
国語	先生も生徒も驚く日本の「伝統・文化」再発見2 ～行事と祭りに託した日本人の願い～	松藤 司(著)	2,000円
	先生も生徒も驚く日本の「伝統・文化」再発見 【全国学校図書館協議会選定図書】	松藤 司(著)	2,000円
	国語有名物語教材の教材研究と研究授業の組み立て方 (低・中学年/詩文編)	向山洋一(監修)　平松孝治郎(著)	2,000円
	国語有名物語教材の教材研究と研究授業の組み立て方	向山洋一(監修)　平松孝治郎(著)	2,000円
	先生と子どもたちの学校俳句歳時記 【全国学校図書館協議会選定図書】	星野高士・仁平勝・石田郷子(監修)	2,500円
社会	アクティブ・ラーニングでつくる新しい社会科授業 ニュー学習活動・全単元一覧	北俊夫・向山行雄(著)	2,000円
	教師と生徒でつくるアクティブ学習技術 「TOSSメモ」の活用で社会科授業が変わる！	向山洋一・谷 和(企画・監修) 赤阪 勝(著)	1,800円
	子どもを社会科好きにする授業 【全国学校図書館協議会選定図書】	著者：赤阪 勝	2,000円
理科	子どもが理科に夢中になる授業	小森栄治(著)	2,000円
英語	教室に魔法をかける！英語ディベートの指導法 ―英語アクティブラーニング	加藤 心(著)	2,000円
音楽	子どもノリノリ歌唱授業　音楽+身体表現で"歌遊び"68選	飯田清美	2,200円
図画・美術	ドーンと入賞！"物語文の感想画"描き方指導の裏ワザ20	河田孝文(編・著)	2,200円
	絵画指導は酒井式パーフェクトガイド 丸わかりDVD付！酒井式描画指導の全手順・全スキル	酒井臣吾・根本正雄(著)	2,900円
	絵画指導は酒井式で！パーフェクトガイド 酒井式描画指導法・新シナリオ、新技術、新指導法	酒井臣吾(著)	3,400円
体育	子供の命を守る泳力を保証する 先生と親の万能型水泳指導プログラム	鈴木智光(著)	2,000円
	全員達成！魔法の立ち幅跳び 「探偵！ナイトスクープ」のドラマ再現	根本正雄(著)	2,000円
	世界に通用する伝統文化　体育指導技術 【全国学校図書館協議会選定図書】	根本正雄(著)	1,900円
算数・数学	数学で社会／自然と遊ぶ本	日本数学検定協会　中村 力(著)	1,500円
	早期教育・特別支援教育　本能式計算法	大江浩光(著)　押谷由夫(解説)	2,000円

2016年3月

学芸みらい社